Arbeitsgemeinschaft Mathematikförderung

# Der Wegweiser durch den Zahlenraum bis 100

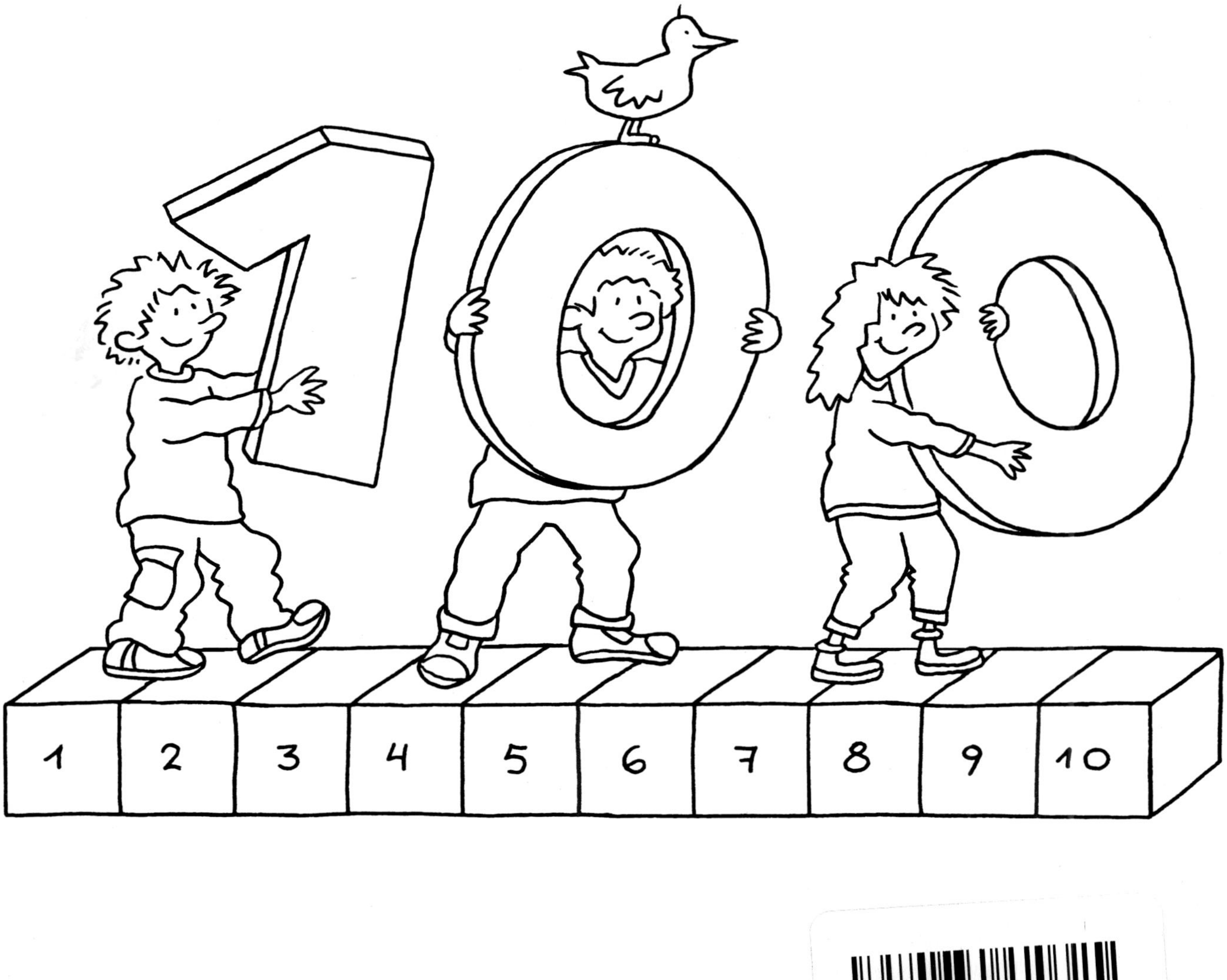

**Die Arbeitsgemeinschaft Mathematikförderung**
besteht aus sechs Sonderschullehrerinnen und –lehrern, die an bayrischen Förderzentren mit dem Förderschwerpunkt geistige Entwicklung arbeiten und in mehrjähriger Diskussion sowie Erprobung im Unterricht eine Systematik durch den Zahlenraum bis 100 erarbeitet haben.

Gedruckt auf umweltbewusst gefertigtem, chlorfrei gebleichtem und alterungsbeständigem Papier.

3. Auflage 2016
© 2008 Persen Verlag, Hamburg
AAP Lehrerfachverlage GmbH
Alle Rechte vorbehalten

Das Werk als Ganzes sowie in seinen Teilen unterliegt dem deutschen Urheberrecht. Der Erwerber des Werkes ist berechtigt, das Werk als Ganzes oder in seinen Teilen für den eigenen Gebrauch und den Einsatz im Unterricht zu nutzen. Die Nutzung ist nur für den genannten Zweck gestattet, nicht jedoch für einen weiteren kommerziellen Gebrauch, für die Weiterleitung an Dritte oder für die Veröffentlichung im Internet oder in Intranets. Eine über den genannten Zweck hinausgehende Nutzung bedarf in jedem Fall der vorherigen schriftlichen Zustimmung des Verlages.

Sind Internetadressen in diesem Werk angegeben, wurden diese vom Verlag sorgfältig geprüft. Da wir auf die externen Seiten weder inhaltliche noch gestalterische Einflussmöglichkeiten haben, können wir nicht garantieren, dass die Inhalte zu einem späteren Zeitpunkt noch dieselben sind wie zum Zeitpunkt der Drucklegung. Der Persen Verlag übernimmt deshalb keine Gewähr für die Aktualität und den Inhalt dieser Internetseiten oder solcher, die mit ihnen verlinkt sind, und schließt jegliche Haftung aus.

Illustrationen: Ari Plikat
Satz: Satzpunkt Ursula Ewert GmbH, Bayreuth

ISBN 978-3-8344-**3507**-1

www.persen.de

# Inhaltsverzeichnis

**Einleitung** .................................................................. 5
Die Arbeitsgemeinschaft Mathematikförderung .......................... 5
Mathematische Erklärungen ................................................ 5
Hinweise zum Lernen von Schülern mit Lernschwierigkeiten ........ 6
Zum Aufbau des Buches ..................................................... 7
Danksagung ..................................................................... 7

**Wegweiser: Die Lernziele durch
den Zahlenraum bis 20/100** ............................................. 8

**1. Erarbeitung des Zahlenraums bis 20/100
ohne Zehnerübergang** ................................................... 8
  1.1  Das Aufbauprinzip zweistelliger Zahlen verstehen ............. 8
  1.2  Den Zahlenraum bis 20 erfassen ................................. 10
  1.3  Im Zahlenraum bis 20 operieren ................................. 12
  1.4  Den Zahlenraum bis 100 erfassen ............................... 14
  1.5  Im Zahlenraum bis 100 operieren ............................... 15

**2. Erarbeitung des Zehnerübergangs
im Zahlenraum bis 20/100** ............................................ 16
  2.1  Vorbereitende Übungen (zum Über- und
       Unterschreiten des Zehners) ..................................... 16
  2.2  Zehnerübergang mit Einern ...................................... 17
  2.3  Zehnerübergang mit Zehnern und Einern ..................... 19

**3. Schriftliche Addition und Subtraktion** .......................... 20

**Materialien zur Erarbeitung der Lernziele** ....................... 22
Eierkartons/Teelichter (konkret) ......................................... 22
Eierkartons/Teelichter (semi-konkret) .................................. 23
Rechenzug (konkret) ........................................................ 24
Rechenzug (semi-konkret) ................................................. 25
Zehnersystemsatz ............................................................ 26
Steckwürfel .................................................................... 30
Rechenschiffchen ............................................................ 31
Zehnseitiger Würfel .......................................................... 32
Seriationsspiel ................................................................. 32
Bunte Perlentreppe .......................................................... 33
Seguintafel I ................................................................... 34

# Inhaltsverzeichnis

Seguintafel II .................................................. 35
Zahlenbingo ................................................... 36
Rechenwaage .................................................. 36
Rechenbrett ................................................... 37
Hunderterkette ................................................ 38
Hunderterbrett ................................................ 39
Zehnerbingo .................................................. 40
Zahlenscrabble/Würfelspiel/Zahlenreihen ...................... 41
Teilungskasten ................................................ 42
Positives Schlangenspiel ...................................... 43
Streifenbrett zur Addition .................................... 45
Raketenstart .................................................. 46

## Lernbegleiter .............................................. 47
(Beobachtungsbögen zu den Lernzielen)

## Kopiervorlagen zu den vorgestellten Materialien ........... 51
KV Eierkartons/Teelichter/Rechenzug (semi-konkret) ........... 51
KV Rechenzug (semi-konkret) .................................. 53
KV Zahlenkärtchen für das Seriationsspiel .................... 55
KV Zahlenbingo ............................................... 64
KV Zahlenpfeile zum Anlegen an die Hunderterkette ............ 73
KV Zehnerbingo ............................................... 74
KV Zahlenscrabble/Würfelspiel/Zahlenreihen ................... 77
KV Teilungskasten ............................................ 78
KV Teilungskasten (Arbeitsblatt) ............................. 79
KV Streifenbrett zur Addition ................................ 80
KV Raketenstart (Zahlen 2–20) ................................ 81
KV Raketenstart (blanko) ..................................... 82
KV Spielsteine ............................................... 83
KV Stellenwerttafel .......................................... 84

# Einleitung

## Die Arbeitsgemeinschaft Mathematikförderung

Die vorliegende Materialsammlung wurde erarbeitet von den Teilnehmer/-innen der Arbeitsgemeinschaft Mathematikförderung, die sich aus Sonderschullehrer/-innen an Förderzentren mit dem Förderschwerpunkt geistige Entwicklung zusammensetzt.

Motiviert waren wir durch den Mangel an Literatur und Arbeitsmaterialien und das Fehlen einer den Zehnerübergang in kleinen Schritten erarbeitenden Systematik. Es gibt zwar genügend Aufgabensammlungen und einige Hilfsmittel, für Schüler mit Lernschwierigkeiten ist aber gerade die Aufgliederung in kleinste Einheiten Voraussetzung für die Bewältigung dieser Hürde. Das Werk ist das Ergebnis mehrjähriger Diskussionen und Erprobung im Unterricht.

Grundlagen für diese Materialsammlung waren die Lehrpläne und Handreichungen der Förderzentren sowie Grundschullehrpläne und Materialien aus dem sehr umfangreichen Pool der Montessori-Arbeit.

Die Verteilung und Gewichtung der einzelnen Bereiche und Schritte wird immer abhängig sein von der jeweiligen Schülergruppe und deren individuellen Fähigkeiten. Eine verbindliche Vorgehensweise kann es daher nicht geben. Unsere Zusammenstellung von Lernmöglichkeiten und Materialien stellen insofern einen **„Wegweiser für die Erarbeitung des erweiterten Zahlenraums"** dar.

## Mathematische Erklärungen

### Ziffern – Mengen – Zahlen

Zur Begriffsklärung: **Ziffern** sind lediglich die zehn Schriftzeichen 0, 1, 2, 3, 4, 5, 6, 7, 8, 9. Die Verbindung zwischen ihnen und den dazugehörigen **Mengen** bilden die **Zahlen**, die sich aus Ziffern zusammensetzen und von denen es unendlich viele gibt.

### Sprechweise der Zahlen

Die deutsche **Sprechweise** von mehrstelligen Zahlen ist zunächst sehr verwirrend, da sie nicht der räumlichen Anordnung der Ziffern im Stellenwertsystem entspricht. So sei als Beispiel die Zahl *eintausend-einhundert-sieben-und-zwanzig* erwähnt, bei der zuerst die Tausender, dann die Hunderter, die Einer und zuletzt die Zehner gesprochen werden. Diese verbale „Drehung" zwischen Einer und Zehner ist für manche Schüler zunächst verwirrend. Für Schüler mit Lernschwierigkeiten empfiehlt sich daher, als Übergangsform eine alternative Sprechweise mit einem Zwischenschritt einzufügen: *zwanzig-und-fünf statt fünfundzwanzig*.

### Mengendarstellung

Wir verwenden in unserem Unterricht sowohl
die **lineare Darstellung der Zahlen**

als auch die **Darstellung in der Doppelreihe**

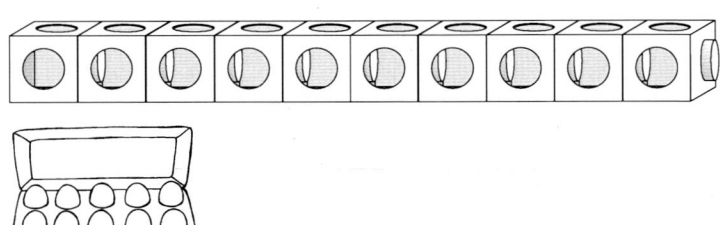

## Einleitung

Vorteile der linearen Darstellung liegen auf der Hand. Die Zahlen folgen aufeinander, sie haben Vorgänger und Nachfolger. Addition und Subtraktion, sogar die Multiplikation können durch einfaches Vorwärts- und Rückwärtszählen verdeutlicht werden.

Demgegenüber hat die Darstellung in Doppelreihen für Schüler den großen Vorteil, dass sie visuell als Formzahlbilder in der Vorstellung verankert werden können. Gerade bei der Erarbeitung des Zehnerübergangs, zu dessen Vorbereitung das Ergänzen zum ganzen Zehner geübt und beherrscht werden muss, lassen sich die **Formzahlbilder** (Darstellung der Zahlen) durch die klare Anordnung: zu einem ganzen Zehner zusammenschieben, also addieren.

Zudem bietet die Darstellung in verschiedenen Formen für die Schüler die Möglichkeit, Zahlen auf unterschiedliche Art zu „begreifen".

### Stellenwertsystem

Zur Verdeutlichung der unterschiedlichen Wertigkeit der Ziffern im Dezimalsystem sollen die einzelnen Stellen (Tausender, Hunderter, Zehner, Einer) farbig markiert werden. Bei der Farbwahl zur Markierung der Stellen muss unbedingt auf Einheitlichkeit geachtet werden. Dabei ist es grundsätzlich nicht wichtig, welche Farben für den entsprechenden Stellenwert ausgewählt werden. Entscheidend ist die konsequente Einhaltung der Farbwahl während des gesamten Erarbeitungszeitraums. Das bedeutet auch eine Einigung innerhalb einer Schule, damit Klassenwechsel sich nicht negativ auf das mathematische Verständnis der Schüler auswirken. Bei unseren Materialien haben wir in der Regel für die Einer blau, für die Zehner rot und die Hunderter grün gewählt. Bei der Verwendung der Montessori-Materialien müssen die Farben angepasst werden.

## Hinweise zum Lernen von Schülern mit Lernschwierigkeiten

Viele Schüler mit Lernschwierigkeiten können den Zehnerübergang auf Dauer nur mit Anschauungsmaterial und unter Benutzung von Hilfsmitteln bewältigen, die handlich und überschaubar sein sollten. Natürlich ist hier wie im gesamten Unterricht der Förderzentren auf eine klare Strukturierung des Unterrichts und der Unterrichtsmaterialien zu achten. Bei den verschiedenen Ebenen des Lernens, von der konkreten über die semi-konkrete bis hin zur symbolischen und abstrakten Ebene, ist es für die Schüler von Vorteil, wenn sie die verwendeten konkreten Materialien auch auf den höheren Ebenen, z. B. für die Schülerhand und auf dem Arbeitsblatt wiederfinden können.

Wir bieten die Addition und Subtraktion mehrstelliger Zahlen schwerpunktmäßig in schriftlicher Form an, da bei der teilschriftlichen Variante mehrere Zwischenschritte erforderlich sind, die die Rechnung unübersichtlich machen.

Wir haben die Erfahrung gemacht, dass die Anwendung der Rechenfertigkeiten und das Verständnis für das dezimale Zahlensystem noch nicht das Bewältigen von Sachaufgaben einschließt. Von der geschriebenen Sprache bis zu einer mathematischen Beschreibung des Sachverhaltes ist es ein großer Schritt, den manche Schüler kaum bewältigen können.

Das Rechnen mit Geld stellt eine besondere Herausforderung dar und steht immer in Verbindung zum konkreten Handeln. Die Situationen sollen hierbei immer aus dem realen Lebensalltag abgeleitet werden.

## Einleitung

Es muss grundsätzlich immer konkretes Material zur Verfügung stehen, um den Schülern handelndes Lernen möglich zu machen. Die Lernschritte und Aufgabenformen müssen so weit reduziert werden, dass eine Beschränkung auf das Wesentliche stattfindet. Notwendige Zwischenschritte sollten klar und verständlich sein.

## Zum Aufbau des Buches

Zunächst werden die Lernmöglichkeiten/Lernziele in tabellarischer Form vorgestellt, wobei in der mittleren Spalte methodische Bemerkungen und in der rechten Spalte exemplarische Materialien und Aufgabenformen aufgelistet sind. Die Lernmöglichkeiten unterteilen sich in drei große Bereiche:

1. Die Erarbeitung des Zahlenraums bis 20 und 100
2. Die Erarbeitung des Zehnerübergangs im Zahlenraum bis 20/100
3. Die schriftliche Addition und Subtraktion

Es folgt eine Materialsammlung, in der wir praktisch erprobte und für sinnvoll befundene Erarbeitungs- und Übungsmaterialien mit Lernmöglichkeiten und methodischen Hinweisen zusammengetragen haben.

Anhand eines Lernbegleiters können die mathematischen Kenntnisse und Fähigkeiten der Schüler dokumentiert werden.

Schließlich haben wir zu einigen der Materialien passende Kopiervorlagen beigefügt, die die Stufe der semi-konkreten Arbeit erleichtern sowie zur Abstraktion beitragen.

## Danksagung

An dieser Stelle möchten wir all den Lehrkräften danken, die uns bei der Auseinandersetzung mit dem Thema des weiterführenden Rechnens wertvolle Anregungen gaben, fruchtbare Diskussionen in Gang setzten, uns zahlreiche Materialien zur Verfügung stellten und damit tatkräftig zur Gestaltung des vorliegenden Werkes beitrugen. Besonderer Dank gilt dem Kollegium des Förderzentrums St. Martin, Bruckberg, das intensiv an der Erstellung und Erprobung des Lernbegleiters mitwirkte.

*Dorli Beez, Maike Harnack, Petra Popp, Thomas Reißer, Jutta Thum, Dagmar Titera*

# Wegweiser:
# Die Lernziele durch den Zahlenraum bis 20/100

## 1. Erarbeitung des Zahlenraums bis 20/100 ohne Zehnerübergang

Nachfolgende Lernaspekte sollten anlässlich jeder Erweiterung des Zahlenraums, also bei der Erarbeitung des ZR[1] bis 20 und des ZR bis 100 sowie darüber hinaus, thematisiert, wiederholt und vertieft werden. Je nach Fähigkeiten der Schülerinnen und Schüler ist es dementsprechend möglich, den Zehnerübergang nur im ZR bis 20 oder auch im ZR bis 100 zu erarbeiten. **Letztendliches Ziel ist die Erkenntnis, durch das Verständnis des Dezimalsystems in jedem Zahlenraum operieren zu können!**

Wir stellen hier sehr verschiedenartige Anschauungsmaterialien, Darstellungsformen sowie Farbmarkierungen vor. Bei der Auswahl sollte man berücksichtigen, welche Materialien (z. B.: Montessori-Material, Formzahlbild nach Schröter ...) und Grundlagenbücher in der Einrichtung schon vorhanden sind und auf eine Vereinheitlichung innerhalb der Schule drängen. Bis zur sicheren Beherrschung des Dezimalsystems sollten die Schüler auf ein gleich bleibendes System z. B. bei der farbigen Darstellung der Einer, Zehner und Hunderter zurückgreifen können. Zusätzlich sollten sie immer wieder aufgefordert werden, ihre Arbeitsergebnisse in den entsprechenden Farben zu notieren, auch wenn ihnen der Stiftwechsel zunächst lästig erscheint.

Bezüglich der Sprechweise mehrstelliger Zahlen empfiehlt sich für Schüler mit Lernschwierigkeiten als Übergangsform eine alternative Sprechweise: zwanzig-und-fünf (s. S. 5).

### 1.1 Das Aufbauprinzip zweistelliger Zahlen verstehen

| Lernziele/ Lernmöglichkeiten | Anmerkungen | Materialien und mögliche Aufgabenformen |
|---|---|---|
| – 10 Einzelne zu einem Zehnerpack bündeln | Eine wichtige Voraussetzung ist, dass die Strukturierung von Mengen im Zahlenraum 0–10 schon geübt wurde. | **Material:**<br>– Eierkarton (s. S. 22–23)<br>– Teelichter (mit Schablone, s. S. 22–23)<br>– Rechenzug (s. S. 24–25)<br><br>**Aufgabenform:**<br>– Deckel von Eierkartons farbig (z. B. rot) bemalen und mit jeweils 10 blauen Eiern füllen |
| – Erkennen, dass Mengen durch verschiedene Anordnungen optisch dargestellt werden können | z. B.:<br>– Linear | **Material:**<br>*Lineare Darstellung:*<br>– Zehnersystemsatz (s. S. 26) (10er-Stangen aus Holz)<br>– Steckwürfel linear stecken (s. S. 30)<br>– Rechenschiffchen (s. S. 31) |

---

[1] Die Abkürzung „ZR" wird im Folgenden für den Begriff „Zahlenraum" verwendet

# Wegweiser: Die Lernziele durch den Zahlenraum bis 20/100

| Lernziele/ Lernmöglichkeiten | Anmerkungen | Materialien und mögliche Aufgabenformen |
|---|---|---|
| | – Durch Doppelreihen<br><br>Die Beachtung des linearen und des Doppelreihenaspektes dient der Schulung der Flexibilität, welche im erweiterten Zahlenraum zunehmend wichtig ist. | *Darstellung in Doppelreihe:*<br>– Formzahlbild (nach Schröter, s. S. 6)<br>– Eierkartons/Teelichter (konkret/semi-konkret, s. S. 22–23)<br>– Rechenzug (s. S. 24 ff.)<br>– Steckwürfel (s. S. 30 f.)<br>– Rechenschiffchen (s. S. 31 f.)<br><br>**Aufgabenform:**<br>– Mengen nach Zahlenvorgabe legen<br>– Steckwürfel nach beiden Konzepten (linear/in Doppelreihe) stecken |
| – **Zehner und Einer in zweistelligen Zahlen erkennen und durch optische Hilfsmittel unterscheiden** | – **Grafische bzw. semi-konkrete Darstellung** der Einer und Zehner in einer Stellenwerttafel:<br><br>Packungen ▬; Einzelne ●<br><br>\| ▬ \| ● \|   \| ▬ \| ● \|<br>\| Z \| E \|   \| Z \| E \|<br>\| 1 \| 8 \|   \| 0 \| 8 \|<br>↙ ↘<br>Packungen  Einzelne<br><br>**Hinweis:** Anfangs kann für fehlende Packungen (= Zehner) die Ziffer 0 gesetzt werden. Wenn der Schüler im Dezimalsystem sicher ist, kann er zur konventionellen Schreibweise übergehen: „Linksstehende" Nullen werden nicht notiert.<br><br>– Eine **farbige Kennzeichnung** von Einern, Zehnern und Hundertern (z. B.: E = blau, Z = rot, H = grün). | **Material/Aufgabenform**<br>– Die Eierkartons mit farbigen Eiern befüllen und ab einem Inhalt von genau 10 Eiern schließen<br>– Vorgegebene Eiermengen zunächst durch Auffüllen der Kartons ordnen und anschließend die Menge in einer Stellenwerttafel (s. S. 84) notieren<br>– Würfel (s. S. 32)<br>– Zehnersystemsatz (s. S. 26)<br><br>**Material/Aufgabenform:**<br>– Verschiedenfarbige Steckwürfel zur Darstellung der Zahlen als Formzahlbilder (Erklärung Formzahlbild s. S. 6/Zur Arbeit mit den Steckwürfeln s. S. 30)<br>– Z. B.: die Menge 1–9 mit blauen Würfeln stecken; die Menge 10 als roten Block aus Steckwürfeln erstellen<br>– Anschließend verschiedene Mengen nach Diktat mit roten Blöcken und blauen Einzelwürfeln darstellen |
| – **Zweistellige Zahlen vergleichen und ordnen (Mächtigkeitsaspekt)** | – Aufsteigend<br>– Absteigend | **Material:**<br>– Seriationsspiel: „Wer hat die höhere Zahl?" (s. S. 32)<br>– Würfelspiel (s. S. 32)<br>– Bunte Perlentreppe (s. S. 33)<br>– Zehnersystemsatz (s. S. 26) |

**Wegweiser: Die Lernziele durch den Zahlenraum bis 20/100**

| Lernziele/ Lernmöglichkeiten | Anmerkungen | Materialien und mögliche Aufgabenformen |
|---|---|---|
| | | **Aufgabenform:**<br>– Akustische Darstellung von Zehnern und Einern (z. B.: langer Ton = Zehner/kurzer Ton = Einer)<br>– Taktile Erfassung von Zehnern und Einern (z. B.: Würfel (E²) und Stäbe (Z³) im Tastsack) |
| – Die verbindliche Sprech- und Schreibweise für zweistellige Zahlen erkennen und anwenden | **Mögliche Verbalisierung:**<br>z. B. 18 = zehn und acht<br>Seguin-Tafeln: $\boxed{1}\boxed{8}$<br>18 = achtzehn<br><br>**Notierung:**<br>– Die Schreibung erfolgt immer mit dem Zehner beginnend | **Material:**<br>– Seguin-Tafeln I und II (s. S. 34–35)<br>– Bunte Perlentreppe (s. S. 33)<br>– Zahlenkärtchen von 1–20 aus dem „Seriationsspiel" (s. S. 34 und 55)<br><br>**Aufgabenform:**<br>– Datum schreiben<br>– Zahlenbingo (s. S. 36)<br>– Die Lehrkraft schreibt Zahlen an die Tafel und der Schüler benennt diese<br>– Die Lehrkraft diktiert Zahlen und der Schüler schreibt sie auf ein Blatt/die Tafel oder sucht sie auf einem Zahlenstrahl<br>– Zahlenkärtchen bis 20: Der Schüler deckt die Zahlenkärtchen auf. Wenn er diese richtig benennt, darf er das Kärtchen behalten. |

## 1.2 Den Zahlenraum bis 20 erfassen

| Lernziele/ Lernmöglichkeiten | Anmerkungen | Materialien und mögliche Aufgabenformen |
|---|---|---|
| | Der Aufbau des Zahlenraums bis 20 erfolgt zunächst analog zum Aufbau des Zahlenraums 0–9 | |
| – Die Mengen 11–20 durch Abzählen erfassen und herstellen | | **Material:**<br>*Unstrukturierte Alltagsmaterialien*<br>– z. B.: Streu- und Dekomaterial, Wäscheklammern, Spielfiguren, Werkmaterialien …<br>*Strukturierte Materialien:*<br>– Eierkartons/Teelichter (konkret/semi-konkret) (s. S. 22–23)<br>– Bunte Perlentreppe (s. S. 33)<br>– Zehnersystemsatz (s. S. 26)<br>– Rechenschiffchen (s. S. 31)<br>– Steckwürfel (s. S. 30)<br>– Rechenzug (s. S. 24–25)<br>– Seguin-Tafel I: $\boxed{1}\boxed{8}$ → 18 = achtzehn (s. S. 34) |

---

[2] Der Buchstabe „E" steht im Folgenden als Abkürzung für den Begriff „Einer"
[3] Der Buchstabe „Z" steht im Folgenden als Abkürzung für den Begriff „Zehner"

# Wegweiser: Die Lernziele durch den Zahlenraum bis 20/100

| Lernziele/ Lernmöglichkeiten | Anmerkungen | Materialien und mögliche Aufgabenformen |
|---|---|---|
|  |  | **Aufgabenform:**<br>– Mengen mit verschiedenen Materialien aus dem Alltag oder mit strukturiertem Material herstellen und zählen<br>– Türme bauen (mit Steckwürfeln Türme mit 11–20 Würfeln herstellen) |
| – Den Mengen 11–20 die jeweilige Zahl zuordnen |  | **Material:**<br>– Zahlenkärtchen (11–20) aus dem „Seriationsspiel" (s. S. 32 und 55)<br>– Unstrukturiertes Material (Alltagsmaterial) oder strukturiertes Material (z. B. Steckwürfel, s. S. 30)<br>– Bunte Perlentreppe (s. S. 33)<br>– Zehnersystemsatz (s. S. 26)<br>– Zahlenlegespiel „Elfer raus" (im Handel erhältlich)<br><br>**Aufgabenform:**<br>– „Schnappspiel" (Partnerübung mit Würfel oder Drehscheibe): Eine Zahl wird gewürfelt oder gedreht. Die dazugehörige Menge (z. B.: aus Steckwürfeln oder Perlenmaterial) oder das passende Mengenbild wird möglichst schnell aus einer Auswahl herausgesucht. Wer ist am schnellsten?<br>– Legespiel mit Zahlkärtchen von 11–20 mit strukturiertem (Steckwürfel als Formzahlbild-Darstellung) oder unstrukturiertem Material (wie Knöpfen, Streichhölzern …): Die Lehrkraft oder der Schüler legt eine Menge und der Mitspieler legt das entsprechende Ziffernkärtchen dazu und benennt dieses. |
| – Die Zahlen 11–20 sprechen und schreiben |  | **Aufgabenform:**<br>– Zahlendiktat durch die Lehrkraft<br>– Würfelspiel (Die Schüler würfeln, sprechen und schreiben die Zahlen) |
| – Die Mengen 11–20 ordnen und vergleichen |  | **Material:**<br>– Rechenwaage (s. S. 36)<br>– Würfelspiel (s. S. 32)<br>– Türme aus Steckwürfeln bauen<br>– Seriationsspiel (s. S. 32) |

# Wegweiser: Die Lernziele durch den Zahlenraum bis 20/100

## 1.3 Im Zahlenraum bis 20 operieren

| Lernziele/ Lernmöglichkeiten | Anmerkungen | Materialien und mögliche Aufgabenformen |
|---|---|---|
| – Additionsaufgaben im ZR bis 20 (ohne ZÜ[4]) rechnen<br><br>Z + E | $\boxed{\begin{array}{c|c}Z&E\\\hline 1&0\end{array}} + \boxed{\begin{array}{c|c}Z&E\\\hline &6\end{array}} = \boxed{\begin{array}{c|c}Z&E\\\hline &\end{array}}$ | **Material:**<br>Für alle nachfolgenden Operationen (auf der Gleichungsebene) stehen dem Schüler strukturierte Materialien zum konkreten Berechnen oder zur Überprüfung der (Kopf-)Rechenergebnisse zur Verfügung:<br>– Eierkartons/Teelichter (konkret, semi-konkret) (s. S. 22–23)<br>– Rechenzug (s. S. 24–25)<br>– Steckwürfel (s. S. 30)<br>– Perlenmaterial (s. S. 33)<br>– Rechenschiffchen (s. S. 31)<br>– Zehnersystemsatz (s. S. 26)<br>– Rechenbrett (s. S. 37) |
| – Die Analogien zu Additionsaufgaben im ZR bis 10 erkennen:<br><br>ZE + E | **Aufgabenanalogie:**<br>„Großer Bruder"  –  „Kleiner Bruder"<br>$\boxed{\begin{array}{c|c}Z&E\\\hline 1&5\end{array}} + \boxed{\begin{array}{c|c}Z&E\\\hline &3\end{array}} = \boxed{\begin{array}{c|c}Z&E\\\hline &\end{array}} \rightarrow \boxed{\begin{array}{c|c}Z&E\\\hline &5\end{array}} + \boxed{\begin{array}{c|c}Z&E\\\hline &3\end{array}} = \boxed{\begin{array}{c|c}Z&E\\\hline &\end{array}}$ | **Aufgabenform:**<br>„Rechne zuerst die leichte Aufgabe, dann erst die schwere." |
| – Subtraktionsaufgaben im ZR bis 20 (ohne ZÜ) rechnen<br><br>Z – E | $\boxed{\begin{array}{c|c}Z&E\\\hline 1&7\end{array}} - \boxed{\begin{array}{c|c}Z&E\\\hline &3\end{array}} = \boxed{\begin{array}{c|c}Z&E\\\hline &\end{array}}$ | **Material:**<br>s. o.<br><br>**Aufgabenform:**<br>s. o. |
| – Die Analogien in der Subtraktion im ZR bis 10 erkennen:<br><br>ZE – E | **Analogie:**<br>$\boxed{\begin{array}{c|c}Z&E\\\hline 1&7\end{array}} - \boxed{\begin{array}{c|c}Z&E\\\hline &3\end{array}} = \boxed{\begin{array}{c|c}Z&E\\\hline &\end{array}} \rightarrow \boxed{\begin{array}{c|c}Z&E\\\hline &7\end{array}} - \boxed{\begin{array}{c|c}Z&E\\\hline &3\end{array}} = \boxed{\begin{array}{c|c}Z&E\\\hline &\end{array}}$ | |
| – Mengen bis 20 (ohne ZÜ) zerlegen | – **Grafisch**<br>$\begin{array}{c}18\\ \diagup\diagdown\\ \boxed{10} + \boxed{8}\end{array}$<br><br>– **Gleichung:**<br>$\boxed{\begin{array}{c|c}Z&E\\\hline 1&8\end{array}} = \boxed{\begin{array}{c|c}Z&E\\\hline 1&0\end{array}} + \boxed{\begin{array}{c|c}Z&E\\\hline &8\end{array}}$ | **Material:**<br>– Einen DIN-A4-Karton in eine helle und eine dunkle Hälfte aufteilen. Später können die Mengen auf die beiden Hälften aufgeteilt und so klar dargestellt werden. Einem ähnlichen Prinzip folgt auch der Teilungskasten (s. S. 42)<br>– Rechenwaage (s. S. 36)<br>– Eierkartons oder andere Systeme, in die Zehner einsortiert werden können<br>– Zweifarbiges Rechenmaterial in ausreichender Menge<br>– Zehnersystemsatz (s. S. 26)<br>– Rechenschiffchen (s. S. 31) |

---

[4] Die Abkürzung „ZÜ" steht im Folgenden für den Begriff „Zehnerübergang"

# Wegweiser: Die Lernziele durch den Zahlenraum bis 20/100

| Lernziele/ Lernmöglichkeiten | Anmerkungen | Materialien und mögliche Aufgabenformen |
|---|---|---|
| ZE = Z + E<br><br>ZE = ZE + ☐ (E) | ZE\|16 = ZE\|10 + ZE\|☐    ZE\|16 = ZE\|6 + ZE\|☐<br><br>ZE\|16 = ZE\|12 + ZE\|☐ | **Aufgabenform:**<br>Zur besseren Veranschaulichung des „Aufteilens" kann ein DIN-A-4-Karton in zwei Hälften aufgeteilt werden und die Teilmengen zugeordnet werden. Z. B.:<br>16 = 12 + 4 |
| – Durch Umtauschen des Zehners in Einer den 2. Zehner „aufbrechen"<br><br><br><br><br><br><br><br><br>2 Z = ZE + ☐ (E) | **Anmerkung:**<br>Die konkrete Umsetzung sowie die grafische Darstellung sind für die Schüler in der Regel nachvollziehbar. Das Notieren als Gleichung stellt jedoch erfahrungsgemäß für viele Schüler eine Überforderung dar und kann gegebenenfalls auch weggelassen werden. Diese „didaktische Reduktion" sollte sich allerdings der Lehrer im Lernbegleiter (siehe Anhang S. 47 ff.) notieren.<br><br>ZE\|20 = ZE\|13 + ZE\|☐ | **Aufgabenform:**<br>– „Aufbrechen": Zum „Aufbrechen" des Zehners können z. B. die Eierschachteln geöffnet und die Eier herausgeholt werden. Wenn man zwei Zehner als Eierkartons, Zehnerstangen oder Perlenstangen hat, muss man einen Zehner in Einer umtauschen, um Aufgaben daraus bilden zu können.<br>– „Umtauschen": Z. B. kann eine Zehnerstange in Einerwürfel umgetauscht werden<br><br>20 = 13 + 7 |
| – Mengen bis 20 (ohne ZÜ) ergänzen<br><br>Z + ☐ (E) = ZE | ZE\|10 + ZE\|☐ = ZE\|16 | **Material/Aufgabenform:**<br>s. o. |
| – Durch Umtauschen des 2. Zehners in Einer diesen „aufbrechen"<br><br>ZE + ☐ (E) = 2 Z<br><br>ZE + ☐ (E) = ZE | ZE\|12 + ZE\|☐ = ZE\|20<br><br>ZE\|12 + ZE\|☐ = ZE\|18 | **Material/Aufgabenform:**<br>s. o. |

Wegweiser: Die Lernziele durch den Zahlenraum bis 20/100

## 1.4 Den Zahlenraum bis 100 erfassen

| Lernziele/ Lernmöglichkeiten | Anmerkungen | Materialien und mögliche Aufgabenformen |
|---|---|---|
| – Den Zahlenraum bis 100 in Zehnerschritten erfassen | Es geht um die Zehnerschritte: 10, 20, 30… | **Material:**<br>– Rechenzug (s. S. 24–25)<br>– Rechenwaage (s. S. 36)<br>– Eierkartons/Teelichterschachteln befüllen (10 Stück); den jeweils gefüllten Karton verschließen und dann zum Zählen verwenden<br>– Zehnersystemsatz (s. S. 26)<br>– Hunderterkette (s. S. 38)<br>– Hunderterbrett (s. S. 39)<br>– Seguintafel II (s. S. 35)<br>– Zehnerbingo (s. S. 40)<br>– Rechenbrett (s. S. 37) |
| – Bei Additions- und Subtraktionsaufgaben ohne ZÜ die Analogien zum ZR bis 10 erkennen | $\boxed{\frac{Z\|E}{\ \|2}} + \boxed{\frac{Z\|E}{\ \|4}} = \boxed{\frac{Z\|E}{\ \|6}} \rightarrow \boxed{\frac{Z\|E}{2\|0}} + \boxed{\frac{Z\|E}{4\|0}} = \boxed{\frac{Z\|E}{6\|0}}$ | **Aufgabenformen:**<br>Herstellung von analogen Aufgabenkarten-Paaren (Eineraufgaben: 2 + 4 = 6 und Zehneraufgaben: 20 + 40 = 60).<br>→ Entweder Eineraufgaben vorgeben und entsprechende Zehneraufgaben zuordnen oder umgekehrt. |
| – Sich im Hunderterfeld orientieren<br>– Die Zahlen bis 100 sprechen und schreiben<br>– Die Mengen bis 100 den richtigen Zahlen zuordnen | | **Material:**<br>– Zehnerbingo, Zahlenbingo (s. S. 40, 36)<br>– Spiele im Hunderterfeld (s. S. 41)<br>– Zahlenscrabble (s. S. 41)<br>– Hunderterbrett (s. S. 39)<br><br>**Aufgabenform:**<br>– Würfelspiel im Hunderterfeld (mit 2 zehnseitigen Würfeln/oder: roter Würfel → Zehner, blauer Würfel → Einer): Man würfelt mit dem Zehner- und Einer-Würfel und darf das entsprechende Zahlenfeld mit einem Stein besetzen.<br>– Kärtchen von 1–100 umdrehen, wie beim Memory aufdecken, benennen und die Menge mit strukturiertem Material herstellen. Wenn alles stimmt, kann man die Karte behalten. |
| – Mengen bis 100 ordnen und vergleichen | | **Material:**<br>– Seriationsspiel (s. S. 32)<br>– Eierkartons/Teelichter (semi-konkret) (s. S. 23)<br>– Steckwürfel (s. S. 30)<br><br>**Aufgabenform:**<br>– Türme aus gefüllten Eierkartons der Höhe nach vergleichen<br>– „Schlangen" aus 10er-Stangen der Länge nach vergleichen |

# Wegweiser: Die Lernziele durch den Zahlenraum bis 20/100

## 1.5 Im Zahlenraum bis 100 operieren

| Lernziele/ Lernmöglichkeiten | Anmerkungen | Materialien und mögliche Aufgabenformen |
|---|---|---|
| – Additions- und Subtraktionsaufgaben (ohne ZÜ) rechnen<br><br>Z + E<br><br>ZE +/– E<br><br>ZE +/– Z<br><br>ZE +/– ZE | Beispiele:<br><br>$\boxed{\begin{array}{c|c}Z&E\\\hline 2&0\end{array}} + \boxed{\begin{array}{c|c}Z&E\\\hline &3\end{array}} = \boxed{\begin{array}{c|c}Z&E\\\hline &\end{array}}$<br><br>$\boxed{\begin{array}{c|c}Z&E\\\hline 2&5\end{array}} +/- \boxed{\begin{array}{c|c}Z&E\\\hline &4\end{array}} = \boxed{\begin{array}{c|c}Z&E\\\hline &\end{array}}$<br><br>$\boxed{\begin{array}{c|c}Z&E\\\hline 2&4\end{array}} +/- \boxed{\begin{array}{c|c}Z&E\\\hline 1&0\end{array}} = \boxed{\begin{array}{c|c}Z&E\\\hline &\end{array}}$<br><br>$\boxed{\begin{array}{c|c}Z&E\\\hline 2&4\end{array}} +/- \boxed{\begin{array}{c|c}Z&E\\\hline 1&2\end{array}} = \boxed{\begin{array}{c|c}Z&E\\\hline &\end{array}}$ | Für alle nachfolgenden Operationen dient als konkretes Handlungsmaterial sowie zur Veranschaulichung der Gleichung das jeweils gewählte strukturierte **Material**:<br>– Rechenzug (s. S. 24–25)<br>– Eierkartons/Teelichter (konkret, semi-konkret) (s. S. 22–23)<br>– Hunderterbrett (s. S. 39)<br>– Zehnersystemsatz (s. S. 26)<br>– Rechenwaage (s. S. 36) |
| – Mengen im ZR bis 100 (ohne ZÜ) zerlegen und ergänzen<br><br>ZE = Z + E<br><br>ZE = ZE + E<br><br>ZE = ZE + Z<br><br>ZE = ZE + ZE | Beispiele:<br><br>$\boxed{\begin{array}{c|c}Z&E\\\hline 6&2\end{array}} = \boxed{\begin{array}{c|c}Z&E\\\hline 6&0\end{array}} + \boxed{\begin{array}{c|c}Z&E\\\hline &2\end{array}}$<br><br>$\boxed{\begin{array}{c|c}Z&E\\\hline 6&5\end{array}} = \boxed{\begin{array}{c|c}Z&E\\\hline 6&2\end{array}} + \boxed{\begin{array}{c|c}Z&E\\\hline &3\end{array}}$<br><br>$\boxed{\begin{array}{c|c}Z&E\\\hline 6&5\end{array}} = \boxed{\begin{array}{c|c}Z&E\\\hline 2&5\end{array}} + \boxed{\begin{array}{c|c}Z&E\\\hline 4&0\end{array}}$<br><br>$\boxed{\begin{array}{c|c}Z&E\\\hline 6&5\end{array}} = \boxed{\begin{array}{c|c}Z&E\\\hline 2&3\end{array}} + \boxed{\begin{array}{c|c}Z&E\\\hline 4&2\end{array}}$ | **Material:**<br>– Rechenwaage (s. S. 36)<br>– DIN-A4-Karton mit heller und dunkler Hälfte (s. S. 13) und Rechenwürfel oder Zehnersystemsatz (Einer und Zehner legen)<br>– Hunderterbrett (s. S. 39)<br>– Teilungskasten (s. S. 42)<br><br>**Aufgabenform:**<br>Die Aufgaben mit den o. g. Materialien konkret nachlegen, erst dann die Lösung schriftlich notieren lassen. |

Wegweiser: Die Lernziele durch den Zahlenraum bis 20/100

## 2. Erarbeitung des Zehnerübergangs im ZR bis 20/100

### 2.1 Vorbereitende Übungen

| Lernziele/ Lernmöglichkeiten | Anmerkungen | Materialien und mögliche Aufgabenformen |
|---|---|---|
| | **Die Erarbeitung ist im ZR bis 20/100 analog möglich** | |
| **... zum Überschreiten des Zehners** | | |
| – Die Mengen 2–10 zerlegen | **Anmerkung:** Besonders wichtig für das Operieren im Dezimalsystem sind die Zerlegungsmöglichkeiten von 10 | **Material:** <br>– Eierkartons/Teelichter (konkret/semi-konkret, s. S. 22–23) <br>– Rechenzug (s. S. 24–25) <br>– Teilungskasten (s. S. 42) <br>– Steckwürfel (s. S. 30) <br>– Hunderterbrett (s. S. 39) <br><br>**Aufgabenform:** <br>– Würfelspiel: Mit zehnseitigem Würfel würfeln, passende 10er-Ergänzung suchen |
| – Den Zehner um 1 unter- und überschreiten | Dies ist nur als Übung zu den Nachbarzahlen, nicht als Operation gedacht. Beispielhafte Aufgabe: (−1 ... 30 ... +1) | **Material/Aufgabenform:** <br>s. o. |
| – Zum nächsten vollen Zehner ergänzen <br><br>**ZR 20:** <br>E + E = 10   ZE + E = 20 <br><br>**ZR 100:** <br>ZE + E = Z | **Wichtig: Wiederholende Aufgaben zum Einstieg anbieten** <br><br>Geläufigkeitsübung/Kopfrechnen <br>→ Immer wieder Betonung der Analogie zum ZR 10 <br><br>ZE 25 + ZE 5 = ZE | **Aufgabenform:** <br>– Würfelspiel (mit zehnseitigem Würfel, s. S. 32): Suche die passende Plusaufgabe <br>– Hunderterbrett (s. S. 39) <br><br>**Merksatz:** <br>„Plus ist toll, wir machen erst den Zehner voll" |

# Wegweiser: Die Lernziele durch den Zahlenraum bis 20/100

| Lernziele/ Lernmöglichkeiten | Anmerkungen | Materialien und mögliche Aufgabenformen |
|---|---|---|
| **... zum Unterschreiten des Zehners** | | |
| – Den Zehner aufbrechen und einen Zehner in 10 Einer umtauschen | | **Material/Aufgabenform:**<br>– Eierkarton/Teelichter (konkret/semi-konkret) öffnen und Eier entnehmen (s. S. 22–23)<br>– Steckwürfel trennen (s. S. 30)<br>– aus dem Rechenzug die Ladung/Personen entnehmen (s. S. 24–25)<br>– Eine Zehnersystem-Stange gegen 10 Einer-Würfel tauschen und in die Kategorie der Einer legen (s. Zehnersystemsatz S. 26) |
| – Vom Zehner wegnehmen | [Z\|E] 4 0 – [Z\|E] 3 = [Z\|E] | **Material**<br>– Hunderterbrett (s. S. 39) |
| – Zum vorherigen Zehner vermindern | Platzhalteraufgaben<br>[Z\|E] 1 8 – [Z\|E] = [Z\|E] 1 0 | |

## 2.2 Zehnerübergang mit Einern

| Lernziele/ Lernmöglichkeiten | Anmerkungen | Materialien und mögliche Aufgabenformen |
|---|---|---|
| – Additionsaufgaben *mit* Zerlegung des Einers („Zwischenschritt") rechnen | – **Mit Zwischenschritt**<br>[Z\|E] 1 9 + [Z\|E] 5 = [Z\|E]<br>[Z\|E] 1 9 + [Z\|E] 1 + [Z\|E] 4 = [Z\|E]<br><br>– **Für Fortgeschrittene**<br>[Z\|E] 1 9 + [Z\|E] 5 = [Z\|E]<br>→ [Z\|E] 1 9 + [Z\|E] 1 = [Z\|E] 2 0<br>→ [Z\|E] 2 0 + [Z\|E] 4 = [Z\|E] 2 4 | Die folgenden Materialien dienen der konkreten Realisierung bzw. Veranschaulichung aller nachfolgenden Aufgaben<br><br>**Material:**<br>– Eierkartons/Teelichter (konkret, semi-konkret, s. S. 22–23)<br>– Rechenzug (s. S. 24–25)<br>– Rechenschiffchen (s. S. 31)<br>– Steckwürfel (s. S. 30)<br>– Stellenwertsystem/Stellenwerttafel (Stellenwerttafel/-tabelle s. Kopiervorlage S. 84)<br>– Hunderterbrett (s. S. 39)<br>– Rechenbrett (ZR 20, s. S. 37)<br>– Positives Schlangenspiel (s. S. 43) |

# Wegweiser: Die Lernziele durch den Zahlenraum bis 20/100

| Lernziele/ Lernmöglichkeiten | Anmerkungen | Materialien und mögliche Aufgabenformen |
|---|---|---|
| – Additionsaufgaben *ohne* Zerlegung der Einer rechnen | [Punktdarstellung: 9 + 5 = 14] <br> Z\|E 9 + Z\|E 5 = Z\|E 1\|4 | |
| – Subtraktionsaufgaben *mit* Zerlegung des Einers (mit „Zwischenschritt") rechnen | – **Mit Zwischenschritt** <br> [Punktdarstellung] <br> Z\|E 1\|6 – Z\|E 7 = Z\|E <br> Z\|E 1\|6 – Z\|E 6 – Z\|E 1 = Z\|E <br><br> **Hinweis:** Damit Schüler mit Lernschwierigkeiten diesen Zwischenschritt verstehen, ist es möglich, diese Aufgabe auch als Kettenaufgabe zu rechnen: (16 – 6) – 1 = 9. D.h. zuerst 16 – 6 (zurück zum Zehner), dann – 1 (Zehner aufbrechen) = 9. Die Zerlegung des Einers erfolgt dann jedoch nicht mathematisch korrekt, da sich die 7 nicht in 6 – 1, sondern in 6 + 1 zerlegt. <br><br> – **Für Fortgeschrittene** <br> Z\|E 1\|6 – Z\|E 7 = Z\|E <br> → Z\|E 1\|6 – Z\|E 6 = Z\|E 1\|0 <br> → Z\|E 1\|0 – Z\|E 1 = Z\|E 9 | **Aufgabenform:** <br> – Subtraktion durch handelndes Wegnehmen <br> – Wichtig: Handlungsschritte von rechts nach links/Schreibweise von links nach rechts <br><br> **Merksatz:** <br> „Minus ist nicht schwer, wir machen erst die Einer leer" |
| – Subtraktionsaufgaben *ohne* Zerlegung des Einers rechnen | Z\|E 1\|6 – Z\|E 7 = Z\|E 9 | |
| – Ergänzungsaufgaben rechnen | Z\|E 6\|7 + Z\|E = Z\|E 7\|2 | **Material:** Teilungskasten 2 (s. S. 42) |
| – Zerlegungsaufgaben rechnen | Z\|E 7\|2 = Z\|E 6\|7 + Z\|E | **Material:** Teilungskasten 2 (s. S. 42) |
| – Vermischte Aufgaben rechnen | (Addition/Subtraktion/Zerlegen/ Ergänzen) | |

**Hinweis:** Ein logisch folgender Schritt auf den Zehnerübergang mit Einern ist der Zehnerübergang mit höheren Zahlen (ZE). Da dies unserer Erfahrung nach viele Schüler überfordert, hat sich für uns als praktikable Alternative erwiesen, hier direkt mit der Erarbeitung der schriftlichen Addition und Subtraktion anzuschließen (→ siehe 3. Schriftliche Addition).
Der Vollständigkeit halber wird nachfolgend das konventionelle Verfahren (in 2.3) beschrieben.

# Wegweiser: Die Lernziele durch den Zahlenraum bis 20/100

## 2.3 Zehnerübergang mit Zehnern und Einern

| Lernziele/ Lernmöglichkeiten | Anmerkungen | Materialien und mögliche Aufgabenformen |
|---|---|---|
| – Additionsaufgaben rechnen, bei denen die Summanden einen (vollen) Zehner ergeben<br><br>ZE + ZE = Z | $\begin{array}{\|c\|c\|}\hline Z & E \\\hline 2 & 6 \\\hline\end{array}$ + $\begin{array}{\|c\|c\|}\hline Z & E \\\hline 1 & 4 \\\hline\end{array}$ = $\begin{array}{\|c\|c\|}\hline Z & E \\\hline & \\\hline\end{array}$<br><br>„Wie viele Zehner werden es?"<br><br>→ **Die Einer ergeben einen vollen Zehner, der „gemerkt" werden muss** | **Material:**<br>– Stellenwerttafel (s. S. 84)<br>– Zehnersystemsatz (s. S. 26)<br>– Hunderterbrett (s. S. 39)<br><br>**Aufgabenform:**<br>Aufgaben legen und rechnen |
| – Additionsaufgaben mit „doppeltem" ZÜ rechnen<br><br>ZE + ZE | Zunächst mit „Zwischenschritten", später „im Kopf":<br><br>$\begin{array}{\|c\|c\|}\hline Z & E \\\hline 3 & 9 \\\hline\end{array}$ + $\begin{array}{\|c\|c\|}\hline Z & E \\\hline 4 & 2 \\\hline\end{array}$ = $\begin{array}{\|c\|c\|}\hline Z & E \\\hline & \\\hline\end{array}$<br><br>$\begin{array}{\|c\|c\|}\hline Z & E \\\hline 3 & 9 \\\hline\end{array}$ + $\begin{array}{\|c\|c\|}\hline Z & E \\\hline & 2 \\\hline\end{array}$ = $\begin{array}{\|c\|c\|}\hline Z & E \\\hline 4 & 1 \\\hline\end{array}$ (erst die Einer dazu!)<br><br>$\begin{array}{\|c\|c\|}\hline Z & E \\\hline 4 & 1 \\\hline\end{array}$ + $\begin{array}{\|c\|c\|}\hline Z & E \\\hline 4 & 0 \\\hline\end{array}$ = $\begin{array}{\|c\|c\|}\hline Z & E \\\hline 8 & 1 \\\hline\end{array}$ | **Material/Aufgabenform:**<br>s. o. |
| – Subtraktionsaufgaben rechnen, bei denen vom (vollen) Zehner weggenommen wird<br><br>Z – ZE | $\begin{array}{\|c\|c\|}\hline Z & E \\\hline 3 & 0 \\\hline\end{array}$ – $\begin{array}{\|c\|c\|}\hline Z & E \\\hline 1 & 2 \\\hline\end{array}$ = $\begin{array}{\|c\|c\|}\hline Z & E \\\hline & \\\hline\end{array}$ | **Material/Aufgabenform:**<br>s. o. |
| – Subtraktionsaufgaben mit ZÜ rechnen<br><br>ZE – ZE | „Zwischenschritte":<br>z. B.<br><br>$\begin{array}{\|c\|c\|}\hline Z & E \\\hline 4 & 2 \\\hline\end{array}$ – $\begin{array}{\|c\|c\|}\hline Z & E \\\hline 1 & 3 \\\hline\end{array}$ = $\begin{array}{\|c\|c\|}\hline Z & E \\\hline & \\\hline\end{array}$<br><br>$\begin{array}{\|c\|c\|}\hline Z & E \\\hline 4 & 2 \\\hline\end{array}$ – $\begin{array}{\|c\|c\|}\hline Z & E \\\hline & 3 \\\hline\end{array}$ = $\begin{array}{\|c\|c\|}\hline Z & E \\\hline 3 & 9 \\\hline\end{array}$ (erst die Einer weg!)<br><br>$\begin{array}{\|c\|c\|}\hline Z & E \\\hline 3 & 9 \\\hline\end{array}$ – $\begin{array}{\|c\|c\|}\hline Z & E \\\hline 1 & 0 \\\hline\end{array}$ = $\begin{array}{\|c\|c\|}\hline Z & E \\\hline 2 & 9 \\\hline\end{array}$ | **Material/Aufgabenform:**<br>s. o. |

# Wegweiser: Die Lernziele durch den Zahlenraum bis 20/100

| Lernziele/ Lernmöglichkeiten | Anmerkungen | Materialien und mögliche Aufgabenformen |
|---|---|---|
| – Zerlegungsaufgaben mit ZÜ rechnen<br><br>ZE / ZE | ┌Z│E┐ = ┌Z│E┐ + ┌Z│E┐<br>│9│4│    │4│5│    │ │ │ | Material/Aufgabenform:<br>s. o. |
| – Ergänzungsaufgaben mit ZÜ rechnen<br><br>ZE / ZE | ┌Z│E┐ + ┌Z│E┐ = ┌Z│E┐<br>│4│9│    │ │ │    │7│8│ | Material/Aufgabenform:<br>s. o. |

## 3. Schriftliche Addition und Subtraktion

| Lernziele/ Lernmöglichkeiten | Anmerkungen | Materialien und mögliche Aufgabenformen |
|---|---|---|
| **Additionsaufgaben *ohne* Kategorienwechsel rechnen** | ┌Z│E┐<br>│1│2│<br>+│1│6│<br>─────<br>│2│8│ | **Material:**<br>– Zehnersystemsatz (s. S. 26): Legen der Mengen auf ein dreifarbiges Tuch oder eine Stellenwerttafel (s. S. 84)<br><br>**Aufgabenform:**<br>Praktische Anwendung durch Berechnung von „Kassenzetteln" |
| **Additionsaufgaben *mit* Kategorienwechsel rechnen** | ┌Z│E┐<br>│1│8│<br>+│1│4│<br>  1<br>─────<br>│3│2│ | **Material:** s. o.<br><br>**Aufgabenform:**<br>– Legen der Mengen auf ein dreifarbiges Tuch bzw. auf eine Stellenwerttafel (s. S. 84)<br>– Mengen zusammenschieben<br>– Von rechts nach links arbeiten und 10 Einer in 1 Zehner umtauschen und dem Stellenwert entsprechend weiterschieben<br><br>→ Die jeweiligen Handlungen werden parallel schriftlich notiert |
| **Subtraktionsaufgaben *ohne* Kategorienwechsel rechnen** | **Achtung: Nicht ergänzen, sondern subtrahieren!**<br><br>┌Z│E┐<br>│1│8│<br>−│1│2│<br>─────<br>│ │6│ | Material/Aufgabenform:<br>s. o. |

# Wegweiser: Die Lernziele durch den Zahlenraum bis 20/100

| Lernziele/ Lernmöglichkeiten | Anmerkungen | Materialien und mögliche Aufgabenformen |
|---|---|---|
| **Subtraktionsaufgaben *mit* Kategorienwechsel rechnen** | System 1: Abziehen bzw. Erweitern<br><br>Z \| E<br>1 \| 5<br>− \|   \| 8<br>    \| 1<br>    \|   \| 7<br><br>System 2: Borgen<br><br>Z \| E<br>  \| 15<br>1̸ \| 5̸<br>− \| 8<br>    \| 7<br><br>Z \| E<br>2 \| 12<br>3̸ \| 2̸<br>− \| 8<br>2 \| 4<br><br>**Nähere Erklärung zum System 2:**<br><br>Z \| E<br>3 \| 2<br>− \| 8<br><br>Man rechnet zuerst 2 − 8, das geht jedoch nicht. So wird 1 Z von den 3 Z geborgt und umgetauscht.<br><br>Z \| E<br>2 \| 12<br>3̸ \| 2̸<br>− \| 8<br>2 \| 4<br><br>Es bleiben 2 Z und 12 E (= 32). Nun kann 12 − 8 gerechnet und das Ergebnis notiert werden. | **Material:** s. o.<br><br>**Aufgabenform:**<br>− Legen der Mengen auf ein dreifarbiges Tuch bzw. auf eine Stellenwerttafel<br>− Wenn die entsprechende Einermenge nicht weggenommen werden kann, muss 1 Z in 10 E zurückgetauscht werden<br>− Anschließend kann die entsprechende Einermenge abgezogen werden<br>− Die jeweiligen Handlungen werden parallel schriftlich notiert, d.h. umgetauschte Mengen werden neu notiert<br><br>**Hinweis:** Diese Methode ist zwar sehr logisch und handelnd nachvollziehbar, bereitet aber Schülern mit Lernschwierigkeiten bei der Notierung bzw. dem Errechnen ohne Material große Probleme. |

# Vorstellung der Materialien zur Erarbeitung der Lernziele

## Eierkartons/Teelichter (konkret)

### Lernziele/Lernmöglichkeiten

1. **Erarbeitung des ZR bis 20/100**
1.1 **Das Aufbauprinzip zweistelliger Zahlen verstehen**
   – 10 Einzelne zu einem Zehnerpack bündeln
   – Zehner und Einer in zweistelligen Zahlen erkennen und durch optische Hilfsmittel unterscheiden
1.2. **Den ZR bis 20 erfassen**
   – Zehner- und Einermengen erfassen und legen
1.3 **Im ZR 20 bis 20 operieren**
   – Additions- und Subtraktionsaufgaben im ZR bis 20 rechnen
   – Mengen bis 20 zerlegen/ergänzen
1.4 **Den ZR bis 100 erfassen**
   – Den ZR bis 100 in Zehnerschritten erfassen
1.5 **Im ZR bis 100 operieren**
   – Additions- und Subtraktionsaufgaben berechnen

2. **Erarbeitung des Zehnerübergangs im ZR bis 20/100**
2.1 **Vorbereitende Übungen**
   – Zum nächsten vollen Zehner ergänzen
   – Den Zehner aufbrechen
2.2 **Zehnerübergang mit Einern**
   – Additionsaufgaben mit/ohne Zerlegung des Einers
   – Subtraktionsaufgaben mit/ohne Zerlegung des Einers

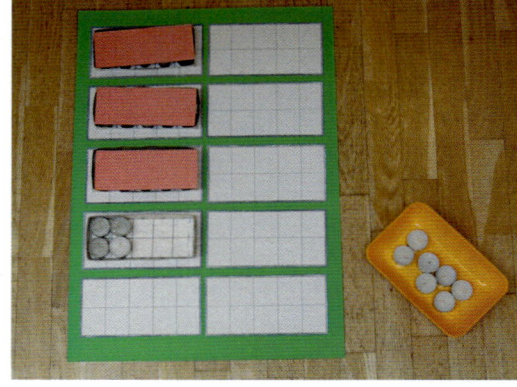

### Materialbeschreibung

- Die Eierkartons können mit gelben Überraschungseiern oder andersfarbigen Plastikeiern gefüllt werden
- Jeweils 10 Eier/Teelichter passen in einen Karton (10 Einer)
- Die einzelnen Eier/Teelichter können variabel in Fünferreihen oder der Struktur eines Formzahlbildes (s. S. 6, 30) entsprechend angeordnet werden
- Ein geschlossener Karton stellt einen Zehner (1 Z) dar und wird durch einen roten Deckel markiert
- Die Eierkartons/Kartons mit Teelichtern können auf einer Pappe mit vorgegebener Zehnerstruktur angeordnet werden (s. Kopiervorlage S. 52)
- 10 volle Kartons stellen einen Hunderter dar und können mit einer grünen Pappe abgedeckt werden (1 H)

## Vorstellung der Materialien zur Erarbeitung der Lernziele

### Methodische Hinweise

- Das Material ist durchgängig sowohl für die Erarbeitung des erweiterten Zahlenraums bis 20/100 sowie für die Erarbeitung des Zehnerübergangs nutzbar
- Das aktive Handeln kann je nach Bedarf auch in einem situativen Zusammenhang mit Problemstellung erfolgen (Supermarkt, Hühnerfarm, Kerzenfabrik ...)
- Die Struktur der Eierkartons findet sich auf zweidimensionaler Ebene bei dem Material Eierkartons/Teelichter (semi-konkret) wieder, das sowohl für eine Darstellung an der Tafel als auch für die Schülerhand genutzt werden kann (s. Kopiervorlage S. 51)
- Bei der Erarbeitung des Zehnerübergangs sollte bei Ergänzungsaufgaben die Ausgangsmenge, z. B. durch einen Wollfaden, als sichtbare Grenze markiert werden, um Fehlern vorzubeugen
- Das Material ermöglicht eine grafische Darstellung von Zehner (Karton=Strich) und Einer (Punkt) als Stellenwert

## Eierkartons/Teelichter (semi-konkret)

### Lernziele/Lernmöglichkeiten

1. **Erarbeitung des ZR bis 20/100**
1.1 **Das Aufbauprinzip zweistelliger Zahlen verstehen**
    - 10 Einzelne zu einem Zehnerpack bündeln
    - Zehner und Einer in zweistelligen Zahlen erkennen und durch optische Hilfsmittel unterscheiden
1.2 **Den ZR bis 20 erfassen**
    - Zehner- und Einermengen erfassen und herstellen
1.3 **Im ZR bis 20 operieren**
    - Additions- und Subtraktionsaufgaben im ZR bis 20 rechnen
    - Mengen bis 20 zerlegen/ergänzen
1.4 **Den ZR bis 100 erfassen**
    - Den Zahlenraum bis 100 in Zehnerschritten erfassen
1.5 **Im ZR bis 100 operieren**
    - Additions- und Subtraktionsaufgaben rechnen

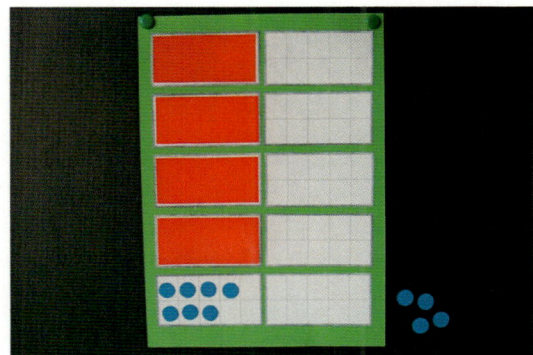

2. **Erarbeitung des Zehnerübergangs im ZR bis 20/100**
2.1 **Vorbereitende Übungen**
    - Zum nächsten vollen Zehner ergänzen
    - Den Zehner aufbrechen
2.2 **Zehnerübergang mit Einern**
    - Additionsaufgaben mit/ohne Zerlegung des Einers
    - Subtraktionsaufgaben mit/ohne Zerlegung des Einers

## Vorstellung der Materialien zur Erarbeitung der Lernziele

### Materialbeschreibung

- Das Material kann aus einer Kopiervorlage für die Tafel (DIN A2 oder 3) oder die Schülerhand (DIN A4) erstellt werden (s. S. 51)
  Dazu: Zehnerpäckchen mit Unterteilung in Einer auf weißes Papier als Vorlage kopieren und laminieren/Zehnerpäckchen ohne Unterteilung in Einer (Z) auf rotes Papier kopieren, ausschneiden und laminieren/Zehnerpäckchen mit Unterteilung in Einer (E) auf blaues Papier kopieren, die Einermengen je nach Bedarf ausschneiden (Einzelne, als Formzahlbilder/in Doppelreihe) und laminieren/Hunderterpakete (H) auf grünes Papier kopieren, ausschneiden und laminieren
    - 10 E können mit einem roten Zehnerpäckchen überdeckt bzw. in einen Z umgetauscht werden
    - 10 Z können mit einem grünen Hunderterpaket (H) überdeckt bzw. in einen H umgetauscht werden
    - Die laminierten Vorlagen können auch mit Folienstiften beschrieben werden bzw. vor dem Hinzukommen einer Menge kann eine Grenze markiert werden

### Methodische Hinweise

- Das Material ist durchgängig sowohl für die Erarbeitung des erweiterten Zahlenraums bis 20/100 sowie für die Erarbeitung des Zehnerübergangs nutzbar
- Die Struktur der Eierkartons/Teelichter findet sich auf zweidimensionaler Ebene wieder
- Das Material kann sowohl für eine Darstellung an der Tafel als auch für die Schülerhand (bei feinmotorischem Geschick) genutzt werden
- Bei Zerlegungs- und Ergänzungsaufgaben müssen die Einer bei der Verwendung von Formzahlbildern (Darstellung in Doppelreihe) in doppelter Menge vorhanden sein, um das Umtauschen zu ermöglichen

## Rechenzug (konkret)

### Lernziele/Lernmöglichkeiten

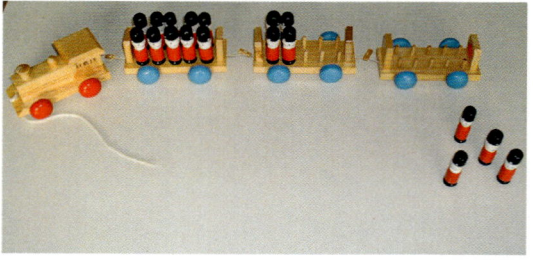

1. **Erarbeitung des ZR bis 20/100**
1.1 **Das Aufbauprinzip zweistelliger Zahlen verstehen**
    - 10 Einzelne zu einem Zehnerpack bündeln
    - Zehner und Einer in zweistelligen Zahlen erkennen und durch optische Hilfsmittel unterscheiden
1.2 **Den ZR bis 20 erfassen**
    - Zehner- und Einermengen erfassen und legen
1.3 **Im ZR bis bis 20 operieren**
    - Additions- und Subtraktionsaufgaben im ZR bis 20 rechnen
    - Mengen bis 20 zerlegen/ergänzen

2. **Erarbeitung des Zehnerübergangs im ZR bis 20/100**
2.1 **Vorbereitende Übungen**
    - Zum nächsten vollen Zehner ergänzen
    - Den Zehner aufbrechen
2.2 **Zehnerübergang mit Einern**
    - Additionsaufgaben mit/ohne Zerlegung des Einers
    - Subtraktionsaufgaben mit/ohne Zerlegung des Einers

## Vorstellung der Materialien zur Erarbeitung der Lernziele

### Materialbeschreibung

- Der Zug kann selbst gebaut bzw. im Handel erworben werden
- Jeweils 10 Passagiere/Güter passen in einen Waggon (10 E)
- Die einzelnen Passagiere/Güter können variabel in Fünferreihen oder der Struktur eines Formzahlbildes (Darstellung in Doppelreihe s. S. 6, 30) entsprechend angeordnet werden
- Ein geschlossener/voller Waggon stellt einen Zehner (1 Z) dar und kann durch einen roten Deckel markiert werden

### Methodische Hinweise

- Das Material ist durchgängig sowohl für die Erarbeitung des erweiterten Zahlenraums sowie für die Erarbeitung des Zehnerübergangs nutzbar, sollte aber überwiegend im Zahlenraum bis 20 bzw. bis maximal 50 eingesetzt werden, da die Menge sonst unübersichtlich wird
- Das aktive Handeln kann je nach Bedarf auch in einem situativen Zusammenhang mit Problemstellung erfolgen (Bahnhof)
- Passagiere/Güter sollten auf einem vorgegebenen Platz bzw. Bahnsteig ein- und aussteigen
- Die Struktur der Waggons findet sich auf zweidimensionaler Ebene bei dem Material Rechenzug (semi-konkret) wieder, das sowohl für eine Darstellung an der Tafel als auch für die Schülerhand genutzt werden kann
- Das Material ermöglicht eine grafische Darstellung von Zehnern (Waggon = Strich) und Einern (Passagier = Punkt) im Stellenwertsystem

## Rechenzug (semi-konkret)

### Lernziele/Lernmöglichkeiten

1. **Erarbeitung des ZR bis 20/100**
1.1 **Das Aufbauprinzip zweistelliger Zahlen verstehen**
   - 10 Einzelne zu einem Zehnerpack bündeln
   - Zehner und Einer in zweistelligen Zahlen erkennen und durch optische Hilfsmittel unterscheiden

1.2 **Den ZR bis 20 erfassen**
   - Zehner- und Einermengen erfassen und legen

1.3 **Im ZR bis 20 operieren**
   - Additions- und Subtraktionsaufgaben im ZR bis 20 rechnen
   - Mengen bis 20 zerlegen/ergänzen

1.4 **Den ZR bis 100 erfassen**
   - Den Zahlenraum bis 100 in Zehnerschritten erfassen

2. **Erarbeitung des Zehnerübergangs im ZR bis 20/100**
2.1 **Vorbereitende Übungen**
   - Zum nächsten vollen Zehner ergänzen
   - Den Zehner aufbrechen

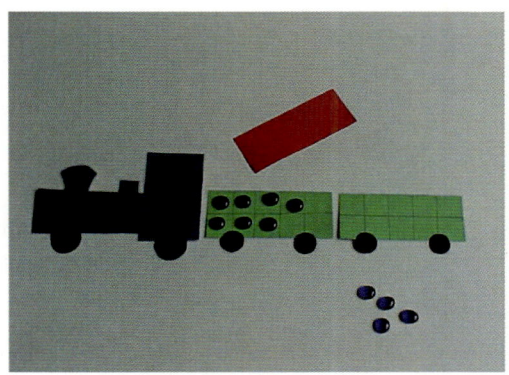

# Vorstellung der Materialien zur Erarbeitung der Lernziele

### 2.2 Zehnerübergang mit Einern
- Additionsaufgaben mit/ohne Zerlegung des Einers
- Subtraktionsaufgaben mit/ohne Zerlegung des Einers

## Materialbeschreibung

- Das Material kann aus einer Kopiervorlage erstellt werden (s. S. 53)

  Dazu: Waggons ohne Unterteilung in Einer (Z) auf rotes Papier kopieren, ausschneiden und laminieren/Waggons mit Unterteilung in Einer (E) auf farbiges Papier kopieren und laminieren/blaue Steine (Schülerhand) oder blaue magnetische Punkte (Tafel) zur Darstellung der Einer verwenden

- 10 E können mit einem roten Zehnerpäckchen überdeckt bzw. umgetauscht werden

- Die laminierten Vorlagen können auch mit Folienstiften beschrieben werden bzw. vor dem Hinzukommen einer Menge kann eine Grenze markiert werden (für die Schülerhand können die Rechenzüge von S. 54 verwendet werden)

- Das Material ist zur Darstellung der Zehnerschritte erweiterbar

## Methodische Hinweise

- Das Material ist durchgängig sowohl für die Erarbeitung des erweiterten Zahlenraums als auch für die Erarbeitung des Zehnerübergangs nutzbar, sollte aber überwiegend im Zahlenraum bis 20 bzw. bis maximal 50 eingesetzt werden, da die Menge sonst unübersichtlich wird

- Die Struktur des konkreten Rechenzugs findet sich auf zweidimensionaler Ebene wieder

- Das Material kann sowohl für die Darstellung an der Tafel als auch für die Schülerhand genutzt werden

# Zehnersystemsatz aus Holz

## Lernziele/Lernmöglichkeiten

1. **Erarbeitung des ZR bis 20/100 (lineare Darstellung)**

1.1 **Das Aufbauprinzip zweistelliger Zahlen verstehen**
   - Zehner und Einer in zweistelligen Zahlen erkennen und durch optische Hilfsmittel unterscheiden
   - Zweistellige Zahlen vergleichen und ordnen

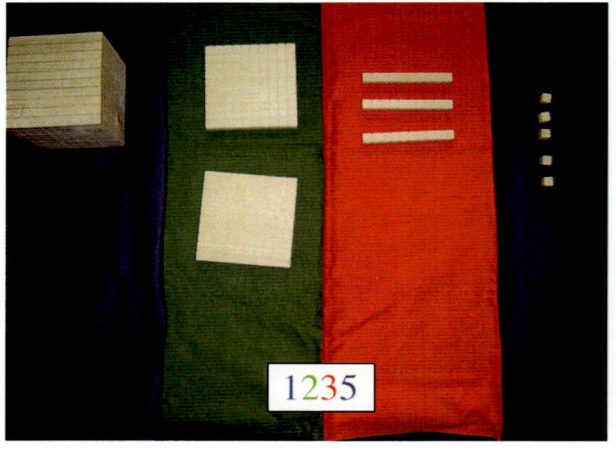

1.2 **Den ZR bis 20 erfassen**
   - Mengen durch Abzählen erfassen und herstellen
   - Den Mengen die jeweilige Zahl zuordnen

1.3 **Im ZR bis 20 operieren**
   - Additions- und Subtraktionsaufgaben rechnen
   - Mengen bis 20 zerlegen/ergänzen

1.4 **Den ZR bis 100 erfassen**
   - Den ZR bis 100 in Zehnerschritten erfassen

1.5 **Im ZR bis 100 operieren**
   - Additions- und Subtraktionsaufgaben rechnen

**Vorstellung der Materialien zur Erarbeitung der Lernziele**

2. **Erarbeitung des Zehnerübergangs im ZR bis 20/100**

2.1 **Vorbereitende Übungen**
   - Zum nächsten vollen Zehner ergänzen/vom Zehner wegnehmen
   - Den Zehner aufbrechen und in Einer tauschen (Kategorienwechsel)

2.2 **Zehnerübergang mit Einern**
   - Additionsaufgaben mit/ohne Zerlegung des Einers
   - Subtraktionsaufgaben mit/ohne Zerlegung des Einers
   - Ergänzungsaufgaben
   - Zerlegungsaufgaben

2.3 **Zehnerübergang mit Zehnern und Einern**
   - Additionsaufgaben
   - Subtraktionsaufgaben
   - Ergänzungsaufgaben
   - Zerlegungsaufgaben

3. **Schriftliche Addition und Subtraktion**
   - Additions- und Subtraktionsaufgaben ohne/mit Kategorienwechsel

## Materialbeschreibung

- Der Zehnersystemsatz aus Holz entspricht dem goldenen Perlenmaterial (Montessori): Naturbelassenes Holz mit fühlbaren Einkerbungen in den Zehner-, Hunderter- und Tausender-Blöcken; das Holzmaterial ist unabhängig vom Farbensystem bei der Darstellung des Dezimalsystems, deshalb kann es zur Arbeit mit didaktischem Material und Lehrbüchern unterschiedlicher Autoren hinzugezogen werden
   - Einer: einzelne Holzwürfel
   - Zehner: Stange aus 10 Einern
   - Hunderter: 10 Zehnerstangen in einer Hunderter-Platte
   - Tausender: 10 Hunderter-Platten in einem Tausender-Würfel
- Farbiger (Streifen-)Teppich analog des Kartensatzes oder laminierte Stellenwerttafel (Die laminierte Unterlage kann mit OHP-Stiften beschriftet und wieder gesäubert werden)
- Kartensätze: 9 Einerkarten, 9 Zehnerkarten, 9 Hunderterkarten, 9 Tausenderkarten in den entsprechenden Farben und unterschiedlichen Größen herstellen. So kann man gemäß der Abbildung mehrstellige Zahlen bilden lassen, indem die Karten später aufeinandergelegt werden und so die Endsumme bilden.

## Methodische Hinweise

- Grundsätzlich muss vor Einsatz des Materials entschieden werden, ob das Material vorerst nur für den Zahlenraum bis 100 eingesetzt werden soll oder ob den Schülern das Material komplett zur Verfügung gestellt werden soll.
- Übung des Kategorienwechsels (in jeder Kategorie gibt es neun; bei 10 muss die nächste Kategorie „eröffnet" werden/kommt eine Stelle dazu)
- Mit selbst erstellten Auftragskarten zur Mengenherstellung, Addition und Subtraktion kann das Material in der Freiarbeit vielseitig genutzt werden.

**Vorstellung der Materialien zur Erarbeitung der Lernziele**

- **Einführung:** Einer und Zehner benennen
    - Verschiedene Mengen bilden („Gib mir 2 Zehner, Gib mir 5 Einer, ...")
    - Kartensatz: Erste Karte jeder Kategorie (1, 10, 100, 1000) auslegen und benennen; alle weiteren Karten dazulegen

- **Mehrstellige Zahlen bilden**
    - Vorbereitung: Material und Kartensatz auslegen
    - Eine Menge auf ein Tablett legen (z. B. acht Zehner und 9 Einer) dann die Zahlenkarten entsprechend aufeinander legen (z. B.: Würde man die Zahlenkarten von der Abbildung 1000, 200, 50 und 9 aufeinander legen, erhält man die Summe 1259). Dies funktioniert auch umgekehrt: Mit Zahlenkarten eine Zahl bilden und die entsprechende Menge mit dem Material legen.

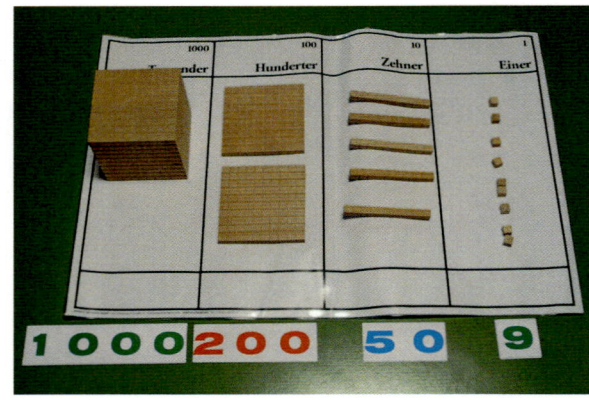

- **Kategorienwechsel** („Bank-Spiel")
    Ein Schüler ist „Bankdirektor" (Glasschale, große Menge Einerwürfel, Zehner und Hunderter), die anderen haben ein Tablett mit Schälchen, darin eine größere Menge Einerwürfel. Jeder Spieler zählt seine Einer in die Glasschale, „STOPP" bei 10. Die 10 Einer werden bei der Bank gegen einen Zehner eingetauscht. Dies wird wiederholt, bis nicht mehr getauscht werden kann. Das Ergebnis wird abgelesen und mit den Zahlen aus dem Kartensatz gelegt.

- **Addition**
    - Die Mengen, entsprechend der Aufgabenkarten, werden untereinander auf dem „Streifen-Teppich" (je eine Farbe für die E, Z, H, T) gelegt.
    - Die einzelnen Kategorien/Stellenwerte (T, H, Z, E) werden zusammengezählt. Das Ergebnis wird mit den Karten gelegt.

    **Wichtig:** Zunächst Aufgaben ohne Kategorienwechsel anbieten, das heißt Aufgaben, bei denen nichts umgetauscht werden muss, also kein Zehner aufgebrochen werden muss.

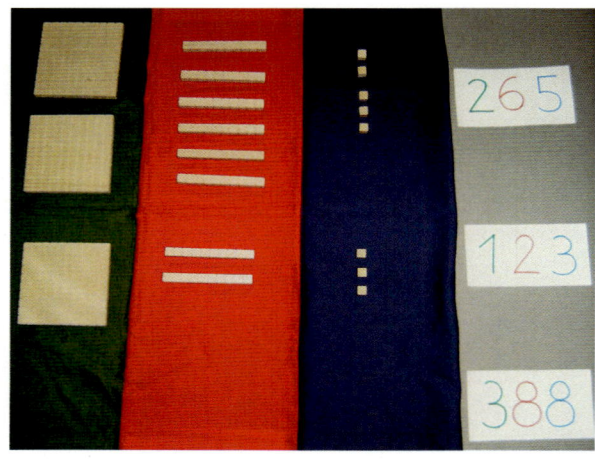

- **Subtraktion**
    - Der Minuend wird mit Holzwürfeln und Zahlenkarten gelegt.
    Der Subtrahend wird mit einer Zahlenkarte daruntergelegt und die Menge wird weggenommen. Die Restmenge wird ausgezählt und das Ergebnis gelegt.

    **Wichtig:** Zunächst Aufgaben ohne Kategorienwechsel üben (547–235 ...)

# Vorstellung der Materialien zur Erarbeitung der Lernziele

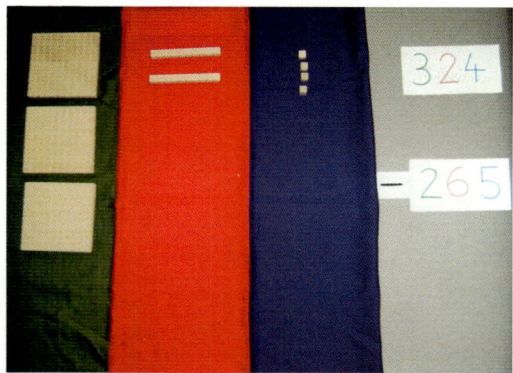

1. Minuend legen

2. Zehnerstange in Einer umtauschen, Zehnerstange auf die Seite legen

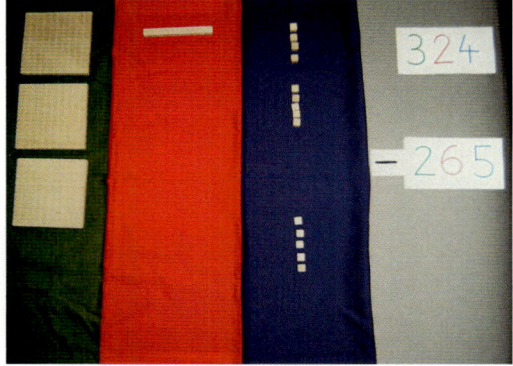

3. 5 Einer wegnehmen

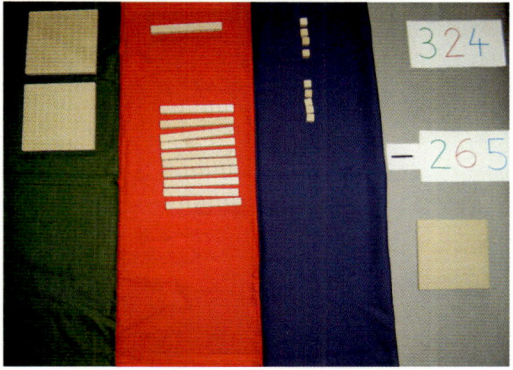

4. Hunderterplatte in 10 Zehnerstangen umtauschen

5. 6 Zehnerstangen wegnehmen

6. 2 Hunderterplatten wegnehmen

7. Endergebnis auszählen

Arbeitsgemeinschaft Mathematikförderung: Der Wegweiser durch den Zahlenraum bis 100
© Persen Verlag

# Vorstellung der Materialien zur Erarbeitung der Lernziele

## Steckwürfel

### Lernziele/Lernmöglichkeiten

1. **Erarbeitung des erweiterten ZR bis 20/100**
1.1 **Das Aufbauprinzip zweistelliger Zahlen verstehen**
   - Zahlen durch verschiedene Anordnungen optisch darstellen (s. Abb.1 bzw. Abb. 2)
   - Zehner und Einer durch optische Hilfsmittel unterscheiden
1.2 **Den ZR bis 20 erfassen**
   - Mengen von 11–20 erfassen, herstellen und die jeweilige Ziffer zuordnen
   - Mengen 11–20 ordnen und vergleichen
1.3 **Im ZR bis 20 operieren**
   - Im ZR bis 20 addieren, subtrahieren, zerlegen, ergänzen

2. **Erarbeitung des Zehnerübergangs im ZR bis 20/100**
2.1. **Vorbereitende Übungen**
   - Zum Überschreiten des Zehners
   - Zum Unterschreiten des Zehners
2.2 **Zehnerübergang mit Einern**
   - Additions-, Subtraktions-, Ergänzungs- und Zerlegungsaufgaben rechnen

**Abb.1** Darstellungsform Doppelreihe als Formzahlbild

**Abb. 2** Darstellungsform „Lineare Reihe"

### Materialbeschreibung

- Kleine, farbige Würfel, die sich an allen Würfelseiten miteinander verbinden lassen
- Erhältlich über Lehrmittelbedarf

### Methodische Hinweise

- Steckwürfel stellen einen Übergang zwischen unstrukturiertem und strukturiertem Material dar, da gesteckte Reihen oder Formzahlbilder (Darstellung in Doppelreihe s. Abb. 1) immer wieder „aufgebrochen" und wieder zusammengefügt werden können

- Während im ZR 0–9 die Farben weitgehend beliebig sind, sollte bei der Erarbeitung des erweiterten Zahlenraumes eine Farbfestlegung erfolgen: z. B.: Je 10 (zur Doppelreihe oder linear gesteckte) Würfel in rot stellen den Zehner und weitere 9 blaue Würfel die Einer dar.

- Durch „Aufbrechen" einer Zehnereinheit und Umtauschen in 10 Einer kann der „Kategorienwechsel" anschaulich durchgeführt werden.

## Vorstellung der Materialien zur Erarbeitung der Lernziele

### Aufgabenform zu Punkt 1 „Das Aufbauprinzip zweistelliger Zahlen verstehen"

Mengen 11–20 die jeweilige Ziffer zuordnen:

- **„Schnappspiel"** (Partnerübung mit Würfel oder Drehscheibe): Eine Zahl wird gewürfelt oder gedreht und die dazugehörige Menge aus Steckwürfeln oder Mengenbild wird möglichst schnell aus einer Auswahl herausgesucht. „Wer ist am schnellsten?"

- **Legespiel mit Zahlenkärtchen von 11–20 und Steckwürfeln** (in offener oder strukturierter Form): Der Lehrer oder der Schüler legt eine Menge und der Mitspieler legt das entsprechende Zahlenkärtchen dazu und benennt dieses.

# Rechenschiffchen

## Lernziele/Lernmöglichkeiten

1. **Erarbeitung des erweiterten ZR bis 20/100**
1.1 **Das Aufbauprinzip zweistelliger Zahlen verstehen**
   - Mengen linear und als Doppelreihe darstellen
1.2 **Den ZR bis 20 erfassen**
   - Die Mengen 11–20 durch Abzählen erfassen und herstellen
1.3 **Im ZR bis 20 operieren**
   - Additionsaufgaben ohne/mit Zehnerübergang rechnen
   - Subtraktionsaufgaben ohne/mit Zehnerunterschreitung rechnen
   - Ergänzungsaufgaben
   - Zerlegungsaufgaben

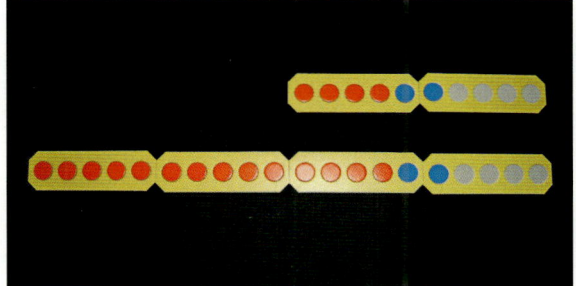

## Materialbeschreibung

- 4 längliche Holz- oder Papp-Schiffchen mit eingestanzten Feldern für je 5 rote und blaue Wendesteine (Rückseite mit Ziffern 1–20)
- Rote und blaue Stecker/Plättchen
- Aufgabenkarten

## Methodische Hinweise

- Dieses strukturierte Material ist geeignet zur Veranschaulichung und Lösung von Rechenaufgaben sowie zur Veranschaulichung von Gesetzmäßigkeiten (z. B. „Kleiner Bruder – Großer Bruder", siehe Foto und S. 12)

Vorstellung der Materialien zur Erarbeitung der Lernziele

## Zehnseitiger Würfel

### Lernziele/Lernmöglichkeiten

1. **Erarbeitung des ZR bis 20/100**
1.1 **Das Aufbauprinzip zweistelliger Zahlen verstehen**
    - Zehner und Einer in zweistelligen Zahlen erkennen und durch optische Hilfsmittel unterscheiden
    - Zweistellige Zahlen vergleichen und ordnen
    - Zweistellige Zahlen sprechen und schreiben

### Materialbeschreibung

- Zehnseitige Würfel sind im Handel erhältlich (0–9)
- Die Würfel mit 12 Seiten (Zahlen 0–10, Krone) aus Schaumstoff oder auch in klein aus Kunststoff können ebenfalls im Handel erworben werden
- Es werden Würfel benötigt, die den jeweiligen Stellenwert repräsentieren (H, Z, E), sodass die Zahlen dementsprechend gebildet und abgelesen werden können (ZE-Zahl, HZE-Zahl)

### Methodische Hinweise

- Zahlen mit Zehnern und Einern können gewürfelt und nebeneinander angeordnet werden
- Die Krone kann als Joker verwendet werden (eine Zahl aussuchen)
- Die Zahl 10 kann zum erneuten Würfeln oder zum gedanklichen Umtauschen (blaue 10 = 1 Z, rote 10 = 1 H) verwendet werden
- Es können mehrere Zahlen gewürfelt und anschließend verglichen werden

## Seriationspiel (Zahlen vergleichen/ordnen)

### Lernziele/Lernmöglichkeiten

1. **Erarbeitung des ZR bis 20/100**
1.1 **Das Aufbauprinzip zweistelliger Zahlen verstehen**
    - Die verbindliche Sprech- und Schreibweise für zweistellige Zahlen erkennen und anwenden
1.2 **Den ZR bis 20 erfassen**
    - Den Mengen 11–20 die jeweilige Ziffer zuordnen
    - Die Mengen 11–20 ordnen und vergleichen
1.4 **Den ZR bis 100 erfassen**
    - Die Zahlen bis 100 sprechen und schreiben
    - Die Mengen bis 100 ordnen und vergleichen

### Materialbeschreibung

- Zahlenkärtchen von 1 bis 20 (laminiert)
- Zahlenkärtchen von 1 bis 100 (laminiert, s. Kopiervorlage S. 55 ff.)

## Vorstellung der Materialien zur Erarbeitung der Lernziele

### Methodische Hinweise

**Aufgabenformen**

1. **„Wie heißt die Zahl?"**
   Ein Schüler deckt ein Zahlenkärtchen auf. Wer dieses richtig benennt, darf das Kärtchen behalten.
2. **„Wie viel ... sind es?"**
   Ein Spiel mit (reduzierten) Zahlenkärtchen von 11–20 und strukturiertem (z. B. Steckwürfel, Formzahlbilder) und unstrukturiertem (Knöpfe, Streichhölzer) Material.
   Ein Spielpartner legt eine Menge, der Mitspieler legt das entsprechende Zahlenkärtchen dazu und benennt dieses.
   *Variante 1:* Bei drei Spielteilnehmern kann ein Spieler die Menge mit strukturiertem Material darstellen.
   *Variante 2:* Kärtchen von 1–100 aus dem Seriationsspiel umdrehen, einzeln aufdecken, benennen und die Menge mit strukturiertem Material herstellen/legen. Wenn dies stimmt, darf der Spieler die Karte behalten.
3. **„Wer hat die größere Zahl?"**
   Jeder Spielpartner deckt eine Karte auf. Wer die größere Zahl hat, bekommt beide Karten.

# Bunte Perlentreppe

### Lernziele/Lernmöglichkeiten

1. **Erarbeitung des ZR bis 20/100**
1.2 **Den ZR bis 20 erfassen**
   – Die Mengen 11–20 mit den Perlenstangen 1–10 in Kombination mit je einer Zehnerstange herstellen
   – Mengen bilden und die entsprechenden Zahlen zuordnen
   – Übung lineares Zählen

### Materialbeschreibung

- Original Montessori-Material oder selbst hergestelltes Material: Perlen ⌀ 14 mm auf Holz-Stäbchen kleben (die größeren Perlen ermöglichen eine leichtere Handhabung)
- Zehn goldene Zehnerstangen
- Je eine bunte Perlenstange für die Zahlen eins bis zehn

| 1 | ○ | rot |
| 2 | ○○ | grün |
| 3 | ○○○ | rosa |
| 4 | ○○○○ | gelb |
| 5 | ○○○○○ | hellblau |
| 6 | ○○○○○○ | lila |
| 7 | ○○○○○○○ | weiß |
| 8 | ○○○○○○○○ | braun |
| 9 | ○○○○○○○○○ | dunkelblau |
| 10 | ○○○○○○○○○○ | gold |

**Vorstellung der Materialien zur Erarbeitung der Lernziele**

### Methodische Hinweise

- Perlenstangen abzählen und eine Treppe mit eins beginnend aufbauen
- Zu einer Zehnerstange Einerperlen legen: „Zehn und eins ist elf" …
- Zahlenkarten zu den Perlenstangen dazulegen
- Kombination mit „Seguintafel I" möglich (Zahlen mit den Perlen legen und entsprechend mit der Seguintafel veranschaulichen)

## Seguintafel I

### Lernziele/Lernmöglichkeiten

1. **Erarbeitung des ZR bis 20/100**
1.1 **Das Aufbauprinzip zweistelliger Zahlen verstehen**
   – Verbindliche Sprech- und Schreibweise für zweistellige Zahlen erkennen und anwenden
1.2 **Den ZR bis 20 erfassen**
   – Die Mengen 11–19 durch Abzählen erfassen und herstellen

### Materialbeschreibung

- Original Montessori-Material
- Zwei Bretter, auf denen die Zahl 10 neunmal aufgedruckt ist
- Kleine Holztafeln mit den Ziffern von 1 bis 9 (zum Einschieben in die Bretter)
- Zusätzlich: Schachtel mit bunter Perlentreppe (s. S. 33) und 9 Zehnerstangen

### Methodische Hinweise

- Die Bretter untereinanderlegen
- Die Zifferntafeln in einem Stapel (mit der Tafel 1 oben) ordnen
- „Das ist die 10" (auf die erste 10 zeigen); das Täfelchen 1 von rechts auf die erste 10 schieben: „Das ist die 11". Nun wird die zweite 10 betrachtet. „Das ist die 10" (auf die 10 zeigen); das Täfelchen mit der 2 auf die zweite 10 schieben: „Das ist die 12"…(usw.)

### Seguintafel I und Perlenstangen

- Zusätzlich kann man die Zehnerstange links neben den ersten Zehner legen („10"). „Jetzt mache ich eine 11"; eine Einerperle dazulegen und die Tafel 1 von rechts auf die Null schieben … (usw.)

Vorstellung der Materialien zur Erarbeitung der Lernziele

# Seguintafel II

## Lernziele/Lernmöglichkeiten

1. **Erarbeitung des ZR bis 20/100**
1.1 **Das Aufbauprinzip zweistelliger Zahlen verstehen**
   - Die verbindliche Sprech- und Schreibweise für zweistellige Zahlen erkennen und anwenden
1.4 **Den ZR bis 100 erfassen**
   - Den ZR bis 100 in Zehnerschritten erfassen
   - Strukturierte Mengen bilden, den Zahlen zuordnen
   - Lineares Zählen von 10 bis 99

## Materialbeschreibung

- Original Montessori-Material
- Zwei Bretter, auf denen die Zehnerzahlen von 10 bis 90 aufgedruckt sind
- Kleine Holztafeln mit den Ziffern von eins bis neun zum Einschieben in die Bretter
- Neun goldene Zehnerstangen
- Zehn lose, goldene Einerperlen

## Methodische Hinweise

**Vorbereitung:** Die Bretter untereinanderlegen; die Zahlentafeln in einem Stapel (mit der Eins oben) ordnen

1. **Zehnerzahlen erarbeiten**
   - Eine Zehnerstange neben die 10 legen: „Das ist ein Zehner; die Zahl heißt 10."
   - Zwei Zehnerstangen neben die 20 legen: „Das sind zwei Zehner; die Zahl heißt 20."
   - ...

2. **Durchzählen**
   - Eine Zehnerstange neben die Zehn legen und die „10" benennen; eine Einerperle danebenlegen und die „11" benennen.
   Die Zahlentafel ⬜1 von rechts auf die Null schieben. Nach Beendigung der Aufgabe die ⬜1 wieder herausnehmen.
   - Eine weitere Einerperle dazulegen und die „12" benennen und die Zahlentafel ⬜2 von rechts auf die Null schieben. So verfährt man bis zu der Zahl 19.
   - Liegen neun Einerperlen neben der Tafel: Eine weitere Einerperle dazulegen und die zehn Einerperlen gegen eine Zehnerstange umtauschen. Die zwei Zehnerstangen zur 20 nach unten schieben und benennen: „Nach 19 kommt 20".
   - Analog bis 99 weiterzählen.
   - Wichtig ist das laute und deutliche Mitzählen.

Vorstellung der Materialien zur Erarbeitung der Lernziele

# Zahlenbingo

### Lernziele/Lernmöglichkeiten

1. **Erarbeitung des ZR bis 20/100**
1.1 **Das Aufbauprinzip zweistelliger Zahlen verstehen**
   - Die verbindliche Sprech- und Schreibweise für zweistellige Zahlen erkennen und anwenden
1.4 **Den ZR bis 100 erfassen**
   - Sich im Hunderterfeld orientieren
   - Die Zahlen bis 100 sprechen und schreiben

### Materialbeschreibung

- Laminierte Bingokarten mit 6 Feldern, beschriftet mit zweistelligen Ziffern (s. Kopiervorlage S. 64 ff.)
- Jeweils ein Würfel mit farblich unterschiedlichen Ziffern für Zehner und Einer. Hier eignen sich besonders auch die zehnseitigen Würfel (s. S. 32), um alle Ziffern von 0–9 würfeln zu können
- Folienstifte (abwaschbar) oder Glasnuggets

### Methodische Hinweise

- Für zwei oder mehrere Mitspieler
- Die Mitspieler würfeln reihum mit beiden Würfeln und bilden damit eine zweistellige Zahl
- Ist die Zahl auf einem Bingofeld vorhanden, darf sie angekreuzt oder mit einem Glasstein belegt werden
- Wer zuerst eine Zahlenreihe (waagerecht bzw. in verkürzter Variante senkrecht) durchkreuzt hat, ruft „Bingo" und hat gewonnen
- Das Material lässt sich auch in der Freiarbeit einsetzen

# Rechenwaage

### Lernziele/Lernmöglichkeiten

1. **Erarbeitung des ZR bis 20/100**
1.2 **Den ZR bis 20 erfassen**
   - Die Mengen 11–20 vergleichen
1.3 **Im ZR bis 20 operieren**
   - Die Mengen bis 20 (ohne ZÜ) zerlegen
1.4 **Den ZR bis 100 erfassen**
   - Den Hunderter in Zehnerschritten erfassen
   - Mengen bis 100 ordnen und vergleichen („gleich", „ungleich", „mehr", „weniger")

**Vorstellung der Materialien zur Erarbeitung der Lernziele**

**1.5 Im Zahlenraum bis 100 operieren**
- Additions- und Subtraktionsaufgaben (ohne ZÜ) rechnen
- Mengen im ZR bis 100 (ohne ZÜ) zerlegen und ergänzen

## Materialbeschreibung

- Kunststoff-Balkenwaage mit einer Skalierung von 1–10
- An den Haken können Plastikstreifen eingehängt werden. Da bis zu 10 Streifen übereinander passen, können alle Mengen von 1–100 dargestellt werden.
- An der Mittelkonsole zeigen zwei genau übereinanderliegende Pfeile an, wenn die Waage genau waagerecht steht und so die verglichenen Mengen gleichmächtig sind. Hiermit wird das Gleichheitssymbol „=" nochmals veranschaulicht.

## Methodische Hinweise

- Voraussetzung für die Arbeit mit dieser Waage ist eine gewisse kognitive Unabhängigkeit im Rechnen von der Wahrnehmung, da Mengen hier nicht nur über Anzahl bzw. Masse, sondern auch über die Position an der Waage dargestellt werden, wobei die Eins auf der innersten, die Zehn auf der äußersten Position sitzt. Diese kognitive Ebene haben Schüler erfahrungsgemäß, sobald sie sich den Zahlenraum bis 20 erarbeitet haben.
- Operationen im ZR bis 100 können über das Waage-Modell durch die Schüler selbstständig kontrolliert werden.

# Rechenbrett

## Lernziele/Lernmöglichkeiten

1. **Erarbeitung des ZR bis 20/100**
1.3 **Im ZR bis 20 operieren**
   - Additionsaufgaben im ZR bis 20 (ohne ZÜ) rechnen

2. **Erarbeitung des Zehnerübergangs im ZR bis 20/100**
2.2 **Zehnerübergang mit Einern**
   - Additionsaufgaben mit Zerlegung der Einer rechnen
   - Additionsaufgaben mit Zehnerüberschreitung im Zahlenraum bis 20 durch Stecken und/oder anschließendes Umspannen der jeweiligen Teilmengen lösen (E + E bis Z + Z, auch ZE + E)

## Materialbeschreibung

- Holzplatte 40 × 32 cm (28 × 32 cm Grundbrett und 12 × 32 cm Zusatzbrett – Brettstärke ca. 2,7 cm) mit Vertiefungen (1 cm) für Zahlen- bzw. Rechenzeichenstecker (1,8 cm – 2 cm Durchmesser); 30 herausnehmbare Zahlenstecker, angeordnet in zwei Zehnerreihen (1–20 auf dem Grundbrett) und einer einzelnen Zehnerreihe (1–10 auf dem Zusatzbrett) sowie Stecker für die Rechenzeichen + und =; 20 Holzdübel (8er); 2 Fächer für Dübel und Haushaltsgummiringe auf dem Zusatzbrett

**Vorstellung der Materialien zur Erarbeitung der Lernziele**

### Methodische Hinweise

- Auch zur Bearbeitung von Additionsaufgaben im ZR bis 10 geeignet
- Zehnerüberschreitungsaufgaben: Bei einer Anfangsmenge unter 10 kann auch mit der zu addierenden zweiten Menge zuerst die erste Zehnerreihe mit Steckern aufgefüllt werden, z. B. geht für 7 + 5 = auch $\boxed{7 + 3}$ + 2 = , dabei wäre die Verwendung farbiger Dübel für die zweite Teilmenge günstig (es soll erkennbar sein, dass die 3 Dübel zu den 7 hinzukommen und so zunächst der Zehner vollgemacht wird)
- Der Einsatz farbiger Dübel bietet sich ebenfalls an, wenn die erste oder zweite Teilmenge über 10 hinausgeht, z. B. 12 + 3 oder 5 + 14
- Es ist möglich, ein Aufgabenblatt mit umklappbarem Rand (auf diesem werden die Lösungen aufgeführt) zur Selbstkontrolle anzubieten

## Hunderterkette

### Lernziele/Lernmöglichkeiten

1. Erarbeitung des ZR bis 20/100
1.4 Den ZR bis 100 erfassen
   - Den ZR bis 100 in Zehnerschritten erfassen
   - Lineares Zählen
   - In Zehnerschritten zählen

### Materialbeschreibung

- Montessori-Material oder selbst hergestelltes Material: 100 aufgefädelte goldene Holzperlen, jeweils 10 auf einen dicken Draht gefädelt; am Ende gebogene Ösen mit kleinen Schlüsselringen, durch welche die Ketten miteinander verbunden sind
- Goldene Zahlenpfeile für die Zahlen 1–9 und die Zehnerzahlen sowie für die 100 (s. Kopiervorlage S. 73)

### Methodische Hinweise

- Auslegen der Kette
- In Einer- und Zehnerschritten zählen, Zahlenpfeile dazulegen
- Analog zur Hunderterkette kann auch eine Tausenderkette erstellt werden

Vorstellung der Materialien zur Erarbeitung der Lernziele

# Hunderterbrett

## Lernziele/Lernmöglichkeiten

1. **Erarbeitung des ZR bis 20/100**
1.4 **Den ZR bis 100 erfassen**
   – Den ZR bis 100 in Zehnerschritten erfassen
   – Sich im Hunderterfeld orientieren
   – Den Zahlenraum bis 100 durch Stecken bzw. Legen von Mengen erfassen
1.5 **Im ZR bis 100 operieren**
   – Additions- und Subtraktionsaufgaben (ohne ZÜ)
   – Mengen im ZR bis 100 (ohne ZÜ) zerlegen und ergänzen

2. **Erarbeitung des Zehnerübergangs im ZR bis 20/100**
2.1 **Vorbereitende Übungen**
   – Die Mengen 2–10 zerlegen
   – Den Zehner um 1 unter- und überschreiten
   – Zum nächsten vollen Zehner ergänzen
   – Vom Zehner wegnehmen
2.2 **Zehnerübergang mit Einern**
   – Additionsaufgaben mit/ohne Zerlegung der Einer
   – Subtraktionsaufgaben mit/ohne Zerlegung der Einer
   – Ergänzungsaufgaben
   – Zerlegungsaufgaben
   – Vermischte Aufgaben
2.3 **Zehnerübergang mit Zehnern und Einern**
   – Additionsaufgaben
   – Subtraktionsaufgaben
   – Zerlegungsaufgaben
   – Ergänzungsaufgaben

## Materialbeschreibung

- Selbst erstelltes Hunderterbrett aus Holz in den Maßen 26 × 40 cm (Steckbrett 24 × 25 cm, Steckerfach 8,5 × 12,5 cm, Murmelfach 14,5 × 12,5 cm)
- 100 Holzdübel (8er-Dübel) und 100 Murmeln (Löcher mit Senkbohrer für das Auflegen der Murmeln erweitern)

## Methodische Hinweise

- Die Murmeln können in verschiedenen Farben vorhanden sein – 10 rote, gelbe, bunte, grüne, blaue … Murmeln
- Die Dübel können unterschiedliche Farben haben (jeweils 10 in einer Farbe)
- Dübel und Murmeln können kombiniert verwendet werden, z. B. erste Teilmenge mit Steckern bilden, zweite Teilmenge mit Murmeln

**Vorstellung der Materialien zur Erarbeitung der Lernziele**

- Bei Zerlegungsaufgaben kann z. B. die mit Dübeln gesteckte Gesamtmenge optisch sichtbar zerlegt werden, indem eine erste Teilmenge mit Dübeln gesteckt verbleibt und die zweite (verbleibende) Teilmenge durch Austauschen der Dübel durch Murmeln erkennbar wird
- Mengenschablone anfertigen und einsetzen: Menge mit Dübeln/Steckern entsprechend der aufgelegten, gestanzten Schablone stecken/legen

## Zehnerbingo

### Lernziele/Lernmöglichkeiten

1. **Erarbeitung des ZR bis 20/100**
1.4 **Den ZR bis 100 erfassen**
   - Den ZR bis 100 in Zehnerschritten erfassen
   - Die Zahlen bis 100 schreiben

### Materialbeschreibung

- Laminierte Bingokarten mit neun Feldern, beschriftet mit Zehnern in verschiedener Notation
- Ein Würfel mit Abbildungen von verschiedenen Zehnermengen ist zusätzlich einsetzbar (mit Leerfeldern im Handel erhältlich)
- Folienstift (abwaschbar)

### Methodische Hinweise

- Für 2 oder mehrere Mitspieler
- Die Lehrkraft bzw. der Spielleiter nennt oder würfelt eine Zehnerzahl
- Ist die Zahl auf einem Bingofeld vorhanden, wird sie mit dem Folienstift angekreuzt
- Gewinner ist, wer eine durchkreuzte Dreierreihe (horizontal, vertikal, diagonal) hat
- Das Material lässt sich auch sehr gut in der Freiarbeit einsetzen

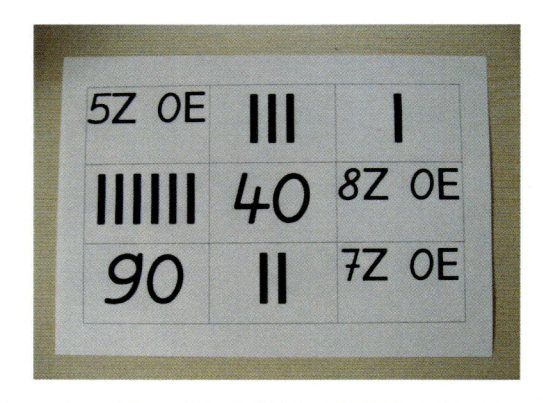

Vorstellung der Materialien zur Erarbeitung der Lernziele

## Zahlenscrabble/Würfelspiel/Zahlreihen

### Lernziele/Lernmöglichkeiten

1. Erarbeitung des ZR bis 20/100
1.4 **Den ZR bis 100 erfassen**
   - Sich im Hunderterfeld orientieren
   - Die Zahlen bis 100 sprechen

### Materialbeschreibung

- Das Material kann aus der Kopiervorlage (s. S. 77) erstellt oder im Handel erworben werden
- Das Material kann als Hilfestellung mit oder ohne Vorlage des Hunderterfeldes verwendet werden
- Das Hunderterfeld wird zweimal kopiert, die Zahlen einmal ausgeschnitten und gegebenenfalls auf Plättchen geklebt oder laminiert
- Die Zahlen (Zehner und Einer) können farbig gekennzeichnet werden
- Die Zahlreihen können in Fünferschritten zusammenhängen

### Methodische Hinweise/Varianten

**1. Zahlenscrabble**
- Jeder Schüler zieht 8 Zahlenplättchen aus dem Beutel (Hilfestellung: Die Zahlen der Reihe nach ordnen)
- Ein Anfangsstein wird gezogen
- An den Anfangsstein kann in jeder Richtung (horizontal, vertikal, diagonal) angelegt werden
- Jeder Spieler darf so lange legen, bis er keinen weiteren Stein mehr anlegen kann; kann er keinen Stein legen, muss er einen neuen Stein ziehen
- Gewonnen hat der Spieler, der zuerst keine Zahlenplättchen mehr hat
- *Variante:* Gelbe Jokersteine dürfen als Verbindung gelegt oder ausgetauscht werden

**2. Würfelspiel**
- Jeder Spieler erhält einen Spielstein und es wird der Reihe nach gewürfelt
- Jeder Spieler rückt die gewürfelte Anzahl der Felder aufsteigend vor und legt eine Zahlenkarte auf das letzte Feld
- Wer zuerst die 100 erreicht, hat gewonnen

**Vorstellung der Materialien zur Erarbeitung der Lernziele**

### 3. Zahlreihen
– Die Mitspieler ziehen abwechselnd eine Zahlreihe und legen sie auf das Hunderterfeld. Gewonnen hat, wer alle Zahlenreihen richtig gelegt und das Hunderterfeld komplett abgedeckt hat (Achtung: Es müssen für dieses Spiel mehrere Zahlenreihen zur Verfügung stehen)

## Teilungskasten

### Lernziele/Lernmöglichkeiten

2. **Erarbeitung des Zehnerübergangs im ZR bis 20/100**
2.1 **Vorbereitende Übungen zum Überschreiten des Zehners**
   – Die Mengen 2–10 zerlegen
   – Durch Abdecken einer Seite Ergänzungsaufgaben im ZR bis 10 rechnen

### Materialbeschreibung

- Teilungs- bzw. „Schüttelkästen" gibt es inzwischen in zahlreichen käuflichen Versionen oder als Eigenproduktion mit Streichholzschachteln, Kassettenhüllen etc.
- Der oben abgebildete Teilungskasten 1 ist ein Klassiker aus dem Montessori-Bereich. Er besteht aus einem stabilen Holzkasten mit einem abnehmbaren Oberteil mit Loch, durch das Murmeln nach dem Zufallsprinzip in den unteren zweigeteilten Kasten fallen können.
- Der Teilungskasten kann auch in semi-konkreter Form auf Papier gedruckt angeboten werden. Die Schüler können dann mit Muggelsteinen verschiedene Teilmengen legen und die Ergebnisse auf einem dazugehörigen Arbeitsblatt notieren (Kopiervorlage für den semi-konkreten Teilungskasten und das Arbeitsblatt s. S. 78–79).

### Methodische Hinweise

- Im unteren Teil können durch Einlegen von entsprechend verschiedenfarbigen Filzteppichen die zwei verschiedenen Teilungsmengen markiert werden.
- Auf einem laminierten Arbeitsblatt können dann die Arbeitsergebnisse abgezeichnet und in Ziffernform notiert werden.

## Variationsmöglichkeit – Teilungskasten 2

### Lernziele/Lernmöglichkeiten

2. **Erarbeitung des Zehnerübergangs im ZR bis 20/100**
2.2 **Zehnerübergang mit Einern**
   – Ergänzungsaufgaben rechnen
   – Zerlegungsaufgaben rechnen

### Materialbeschreibung

- Transparenter Kasten mit halboffener Teilungswand. Gefüllt mit 9 kurzen Rundhölzern (1 Rundholz = 10) und 10 Holzkugeln (1 Kugel = 1)

**Vorstellung der Materialien zur Erarbeitung der Lernziele**

- Auf der einen Seite sind beide Teilmengen sichtbar (= Zerlegungsaufgabe)
- Auf der Rückseite ist eine Seite verdeckt, sodass die zweite Teilmenge durch Ergänzen auf 100 errechnet werden kann. Die Endkontrolle kann durch Umdrehen erfolgen.

### Methodische Hinweise

- Der Teilungskasten gibt durch „Schütteln" verschiedene Aufgaben vor, die vom Schüler notiert werden können.

## Positives Schlangenspiel

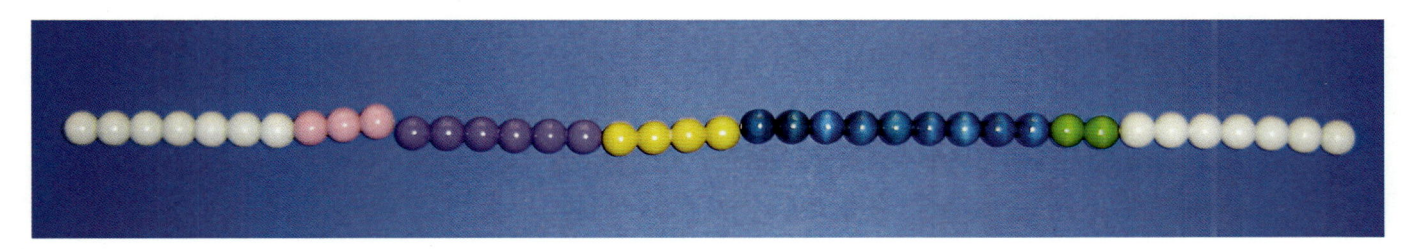

### Lernziele/Lernmöglichkeiten

2. Erarbeitung des Zehnerübergangs im ZR bis 20/100
2.2 Zehnerübergang mit Einern
   - Additionsaufgaben im ZR bis 100 lösen
   - Kategorien tauschen („Den Zehner vollmachen")

### Materialbeschreibung

- Original Montessori-Material oder selbst hergestelltes Material (vgl. Perlentreppe, s. S. 33)
- Größere Anzahl bunter Perlenstangen in einer Schachtel (s. Perlentreppe S. 33)
- Eine schwarz-weiße Perlentreppe in einer Schachtel (Die Perlen 1–5 sind schwarz; ab Perle 6 gibt es dementsprechend weiße und schwarze Perlen)
- Ca. 20 goldene Zehnerstangen in einer Schachtel
- Ein „Reiter" (Zahlenpfeil) zum Zählen der Perlen (s. Kopiervorlage S. 73)
- Ein Körbchen für die ausgezählten Stangen

Reiter zum Abzählen der Perlen

### Methodische Hinweise

- Schwarz-weiße Perlentreppe auslegen (s. Abb.)
- Aus den bunten Perlenstangen eine beliebige Schlange legen. Bei der Einführung zunächst die ersten beiden Schlangen so wählen, dass sie 10 ergeben: 7 + 3, 2 + 8. Ist die Schlange lang genug, wird der Deckel der Schachtel geschlossen, damit nichts durcheinanderkommt.
- Mit dem Reiter (Zahlenpfeil) bis 10 zählen: „10, STOPP". Die ersten 10 bunten Perlen werden durch eine goldene Zehnerstange ersetzt. Die ersetzten Stangen kommen in das Körbchen.

**Vorstellung der Materialien zur Erarbeitung der Lernziele**

- Es wird weitergezählt. Bleibt nach zehn abgezählten Perlen ein Rest auf der bunten Perlenstange, wird der Reiter bei der zehnten Perle aufgesteckt (zwischen die Perlen geklemmt) und die Zehnerstange hingelegt. Der Rest nach dem Reiter wird gezählt und durch eine schwarz-weiße Perlenstange ersetzt.
- Wichtig: Immer erst die Ersatzperlen hinlegen, dann die zu ersetzenden Perlen ins Körbchen legen.
- Beim Weiterzählen immer mit den schwarz-weißen Perlen beginnen. Diese kommen nach dem Auszählen in die Treppe zurück.
- Das Ergebnis kann am Ende ganz leicht ausgezählt werden, indem die goldenen und schwarz-weißen Perlen zusammengezählt werden (zur Kontrolle können auch die bunten Stangen noch mal ausgelegt werden; beide Schlangen müssen gleich lang sein).
- Die Aufgaben können auch notiert werden.

$$7 + 3 + 6 + 4 + 9 + 2 + 7 =$$

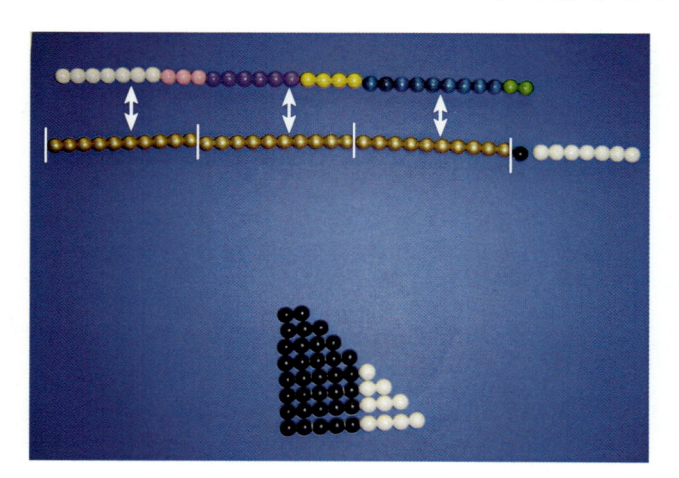

$$= 38$$

Vorstellung der Materialien zur Erarbeitung der Lernziele

# Streifenbrett zur Addition

## Lernziele/Lernmöglichkeiten

2. Erarbeitung des Zehnerübergangs im ZR bis 20/100
2.1 Zehnerübergang mit Einern
- Additionsaufgaben von 1 + 1 bis 9 + 9
- Verdeutlichen und Üben der Zehnerüberschreitung
- Vorbereitung für das Erlernen von Tauschaufgaben (Kommutativgesetz: 6 + 7 = 7 + 6)

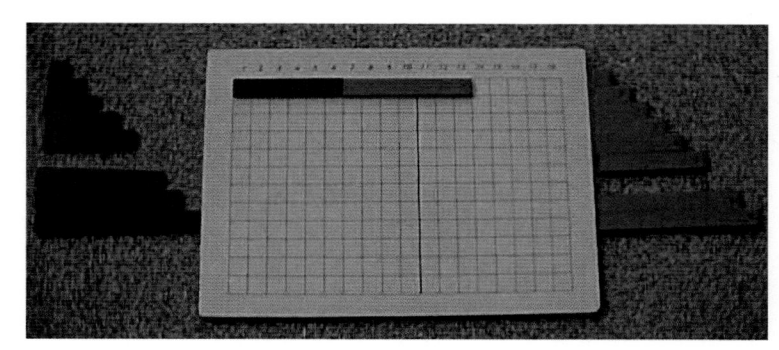

## Materialbeschreibung

- Original Montessori-Material oder selbst hergestelltes Material (Kopiervorlage s. S. 80)
- Grundplatte: 12 Reihen mit je 18 Quadraten
- Eine Kopfzeile beschriftet mit Zahlen von 1 bis 10 (rot) und 11 bis 18 (blau)
- Eine senkrechte rote Linie bei der 10 verdeutlicht die Zehnerüberschreitung
- Rote und blaue Streifen (Holz/Karton/Moosgummi) beschriftet von 1 bis 9 in entsprechender Länge
- Die Quadrate ermöglichen das Nachzählen
- Aufgabenkarten

## Methodische Hinweise

- Die Streifen werden nach Farbe (rot: links; blau: rechts) und Länge (Treppe 1–9) geordnet
- Die ausgewählten Aufgaben werden gelegt und aufgeschrieben
- Das Ergebnis kann oben an den Zahlen abgelesen und notiert werden
- „Wie oft kann ich eine Summe aus zwei Zahlen bilden?"

    2 = $\boxed{1 + 1}$

    3 = $\boxed{1 + 2 = 2 + 1}$

    4 = $\boxed{1 + 3 = 2 + 2 = 3 + 1 \ldots}$

Vorstellung der Materialien zur Erarbeitung der Lernziele

# Raketenstart

## Lernziele/Lernmöglichkeiten

2. **Erarbeitung des Zehnerübergangs im ZR bis 20/100**
2.2 **Zehnerübergang mit Einern**
   – Additionsaufgaben ohne Zerlegung der Einer rechnen

## Materialbeschreibung

- Zwei zehnseitige Würfel
- 1 Spielfeld mit 19 Planeten und Nummern 2–20 (s. S. 81)
- Muggelsteine in den Farben der Mitspieler (2–3) bzw. „Raketen"-Chips oder „Ufo"-Chips (s. S. 83)

## Methodische Hinweise

- **Partnerspiel**
  Es wird mit zwei Würfeln gewürfelt. Die jeweiligen Ziffern werden addiert und das Ergebnis auf dem Spielplan wird mit dem Muggelstein der eigenen Farbe „besetzt". Gewonnen hat, wer die meisten Planeten angeflogen hat.

- **Varianten**
  Die Auswahl der Würfel legt den Zahlenraum fest (z. B. benötigt man bei drei 6er-Würfeln, wenn man nur addieren möchte, das Spielfeld mit den Zahlen von 3–18).
  Mit Spezial- oder Blankowürfeln mit niedrigeren Augenzahlen können auch leistungsschwächere Schüler (ab ZR 3) dieses beliebte Spiel ausführen.

- **Hinweis**
  Auf einem laminierten Spielfeld können gegebenenfalls die Nummern je nach verwendeten Würfeln verändert werden (Nummern aufkleben oder mit Folienstiften beschriften). Auf dem Spielfeld erscheinen dann mehrere Planeten mit gleicher Nummer.

| **LERNBEGLEITER** | Schüler: | Schuljahr: | Lehrer: |
|---|---|---|---|
| **Mathematik** | Klasse/Kurs: | Schuljahr: | Lehrer: |
| Zahlenraum 10 bis 100 | | Schuljahr: | Lehrer: |

## 1. Erarbeitung des Zahlenraums bis 20/100 ohne Zehnerübergang

| 1.1 Das Aufbauprinzip zweistelliger Zahlen verstehen | + / o / – | Anmerkungen |
|---|---|---|
| – bündelt 10 Einzelne zu einem Zehnerpack | | |
| – kennt die lineare Darstellung von Zahlen | | |
| – kennt die Darstellung von Zahlen in Doppelreihen | | |
| – kann Zehner und Einer durch opt. Hilfsmittel markieren **verbindl. Farbfestlegung:** E = _____, Z = _____, H = _____ | | |
| – vergleicht und ordnet zweistellige Zahlen (Mächtigkeitsaspekt) | | |
| – kennt und wendet die verbindl. Sprech- und Schreibweise für zweistellige Zahlen an | | |
| **1.2 Den Zahlenraum bis 20 erfassen** | **+ / o / –** | **Anmerkungen** |
| – kennt und erfasst die Mengen 11–20 durch Abzählen | | |
| – beherrscht die Menge-Ziffer-Zuordnung | | |
| – spricht und schreibt die Zahlen 11–20 | | |
| – ordnet und vergleicht die Mengen 11–20 | | |
| **1.3 Im Zahlenraum bis 20 operieren** | **+ / o / –** | **Anmerkungen** |
| – rechnet Additionsaufgaben im ZR bis 20 (ohne ZÜ) Z + E = | | |
| – erkennt die Analogien zur Addition im ZR bis 10 ZE + E = | | |
| – rechnet Subtraktionsaufgaben im ZR bis 20 (ohne ZÜ) Z – E = | | |
| – erkennt die Analogien zur Subtraktion im ZR bis 10 ZE – E = | | |

| LERNBEGLEITER | Schüler: | Schuljahr: | Lehrer: |
|---|---|---|---|
| Mathematik | Klasse/Kurs: | Schuljahr: | Lehrer: |
| Zahlenraum 10 bis 100 | | Schuljahr: | Lehrer: |

| | | |
|---|---|---|
| – zerlegt Mengen bis 20 (ohne ZÜ)<br>ZE = Z + E | | |
| ZE = ZE + ☐ E | | |
| – bricht den 2. Zehner durch Umtauschen des Zehners in Einer auf:<br>2 Z = ZE + ☐E | | |
| – ergänzt Mengen bis 20 (ohne ZÜ)<br>Z + ☐E = ZE | | |
| – bricht den 2. Zehner durch Umtauschen des Zehners in Einer auf:<br>ZE + ☐E = 2 Z | | |
| ZE + ☐E = ZE | | |

| **1.4 Den Zahlenraum bis 100 erfassen** | **+ / o / –** | **Anmerkungen** |
|---|---|---|
| – erfasst den ZR bis 100 in Zehnerschritten | | |
| – erkennt die Analogien zu Addition und Subtraktion ohne Zehnerübergang im ZR bis 10 | | |
| *Kennenlernen des Hunderterfeldes:* | | |
| – spricht und schreibt Zahlen bis 100 | | |
| – ordnet Menge und Ziffer einander richtig zu | | |
| – ordnet und vergleicht Mengen bis 100 | | |

| **1.5 Im Zahlenraum bis 100 operieren** | **+ / o / –** | **Anmerkungen** |
|---|---|---|
| – rechnet Additions- und Subtraktionsaufgaben (o. ZÜ)<br>Z + E | | |
| ZE +/– E | | |
| ZE +/– Z | | |
| ZE +/– ZE | | |

| ③ **LERNBEGLEITER** | Schüler: | | Schuljahr: | Lehrer: |
|---|---|---|---|---|
| **Mathematik** | Klasse/Kurs: | | Schuljahr: | Lehrer: |
| Zahlenraum 10 bis 100 | | | Schuljahr: | Lehrer: |

| | | |
|---|---|---|
| – zerlegt und ergänzt Mengen (ohne ZÜ)<br>Z / E | | |
| ZE / E | | |
| ZE / Z | | |
| ZE / ZE | | |

## 2. Erarbeitung des Zehnerübergangs im ZR bis 20/100

| 2.1 Vorbereitende Übungen… | + / o / – | Anmerkungen |
|---|---|---|
| … zum Überschreiten des Zehners | | |
| – zerlegt die Menge 2–10 | | |
| – unterschreitet/überschreitet den Zehner um 1 | | |
| – ergänzt zum nächsten vollen Zehner<br>(ZR 20: E + E = 10; ZE + E = 20;<br>ZR 100: ZE + E = Z) | | |
| … zum Unterschreiten des Zehners | | |
| – bricht den Zehner auf und tauscht in Einer um | | |
| – nimmt vom Zehner weg | | |
| – vermindert zum vorherigen Zehner | | |
| **2.2 Zehnerübergang mit Einern** | **+ / o / –** | **Anmerkungen** |
| – rechnet Additionsaufgaben mit ZÜ<br>⑦ mit Zerlegung der Einer („Zwischenschritt") | | |
| ⑦ ohne Zerlegung der Einer | | |
| – rechnet Subtraktionsaufgaben mit ZÜ<br>⑦ mit Zerlegung des Einers („Zwischenschritt") | | |

Arbeitsgemeinschaft Mathematikförderung: Der Wegweiser durch den Zahlenraum bis 100
© Persen Verlag

| ④ **LERNBEGLEITER** | Schüler: | | Schuljahr: | Lehrer: |
|---|---|---|---|---|
| **Mathematik** | Klasse/Kurs: | | Schuljahr: | Lehrer: |
| **Zahlenraum 10 bis 100** | | | Schuljahr: | Lehrer: |

| | | |
|---|---|---|
| ⑦ ohne Zerlegung des Einers | | |
| – rechnet vermischte Additions- und Subtraktionsaufgaben mit ZÜ | | |
| – rechnet Ergänzungsaufgaben | | |
| – rechnet Zerlegungsaufgaben | | |
| – rechnet vermischte Aufgaben (+/–/Zerlegen/Ergänzen) | | |
| **2.3 Zehnerübergang mit Zehnern und Einern** | **+ / o / –** | **Anmerkungen** |
| – rechnet Additionsaufgaben, bei denen die Summanden einen (vollen) Zehner ergeben ZE + ZE = Z | | |
| – rechnet Additionsaufgaben mit „doppeltem" ZÜ ZE + ZE | | |
| – rechnet Subtraktionsaufgaben, bei denen vom (vollen) Zehner weggenommen wird Z – ZE | | |
| – rechnet Subtraktionsaufgaben mit ZÜ ZE – ZE | | |
| – rechnet Zerlegungsaufgaben mit ZÜ ZE / ZE | | |
| – rechnet Ergänzungsaufgaben mit ZÜ ZE / ZE | | |

## 3. Schriftliche Addition und Subtraktion

| | **+ / o / –** | **Anmerkungen** |
|---|---|---|
| – rechnet Additionsaufgaben **ohne** Kategorienwechsel | | |
| – rechnet Additionsaufgaben **mit** Kategorienwechsel | | |
| – rechnet Subtraktionsaufgaben **ohne** Kategorienwechsel | | |
| – rechnet Subtraktionsaufgaben **mit** Kategorienwechsel | | |

# KV Eierkartons/Teelichter/Rechenzug (semi-konkret) mit Unterteilung in Einer

(Hinweis: Für die Schülerhand auf DIN A4 und für die Tafel auf DIN A3 kopiert anbieten; gegebenenfalls können die Zahlen 1–10 als Formzahlbilder grau markiert werden)

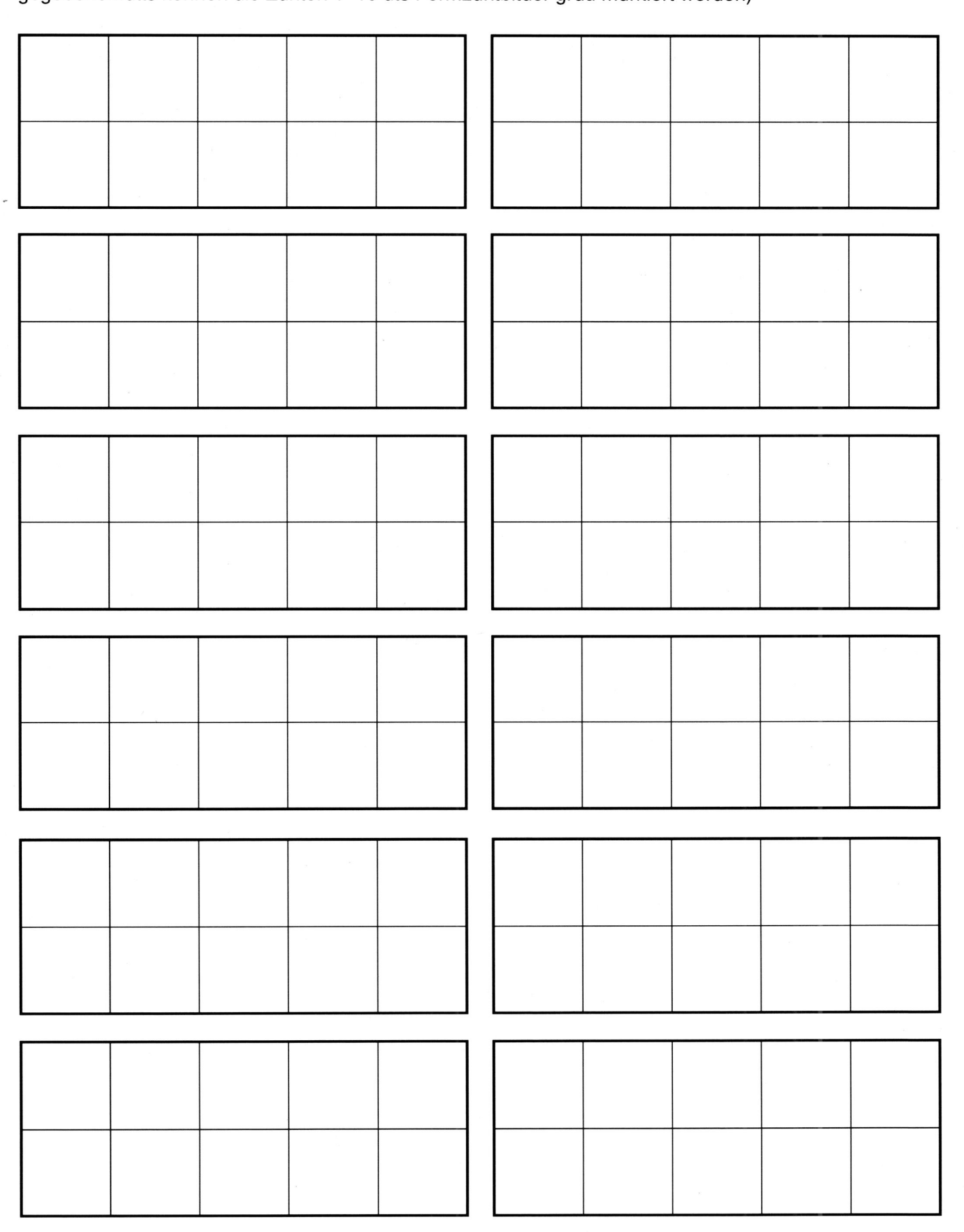

**KV Eierkartons/Teelichter/Rechenzug (semi-konkret) mit Unterteilung in Zehner**

(Hinweis: Für die Schülerhand auf DIN A4 und für die Tafel auf DIN A3 kopiert anbieten)

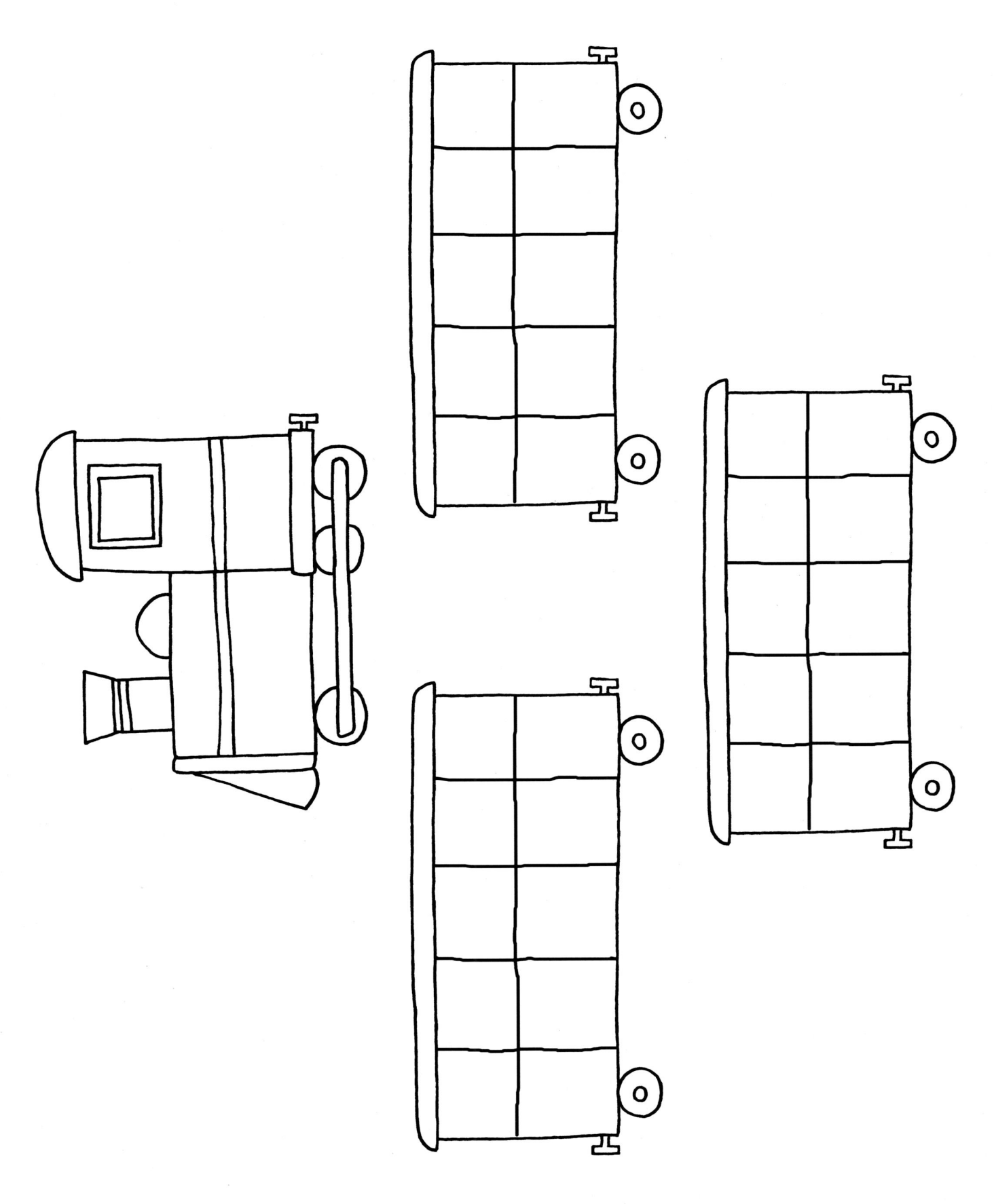

**KV Rechenzug (semi-konkret)**

# KV Rechenzug (semi-konkret)

(Für die Schülerhand ggf. größer kopieren und laminieren)

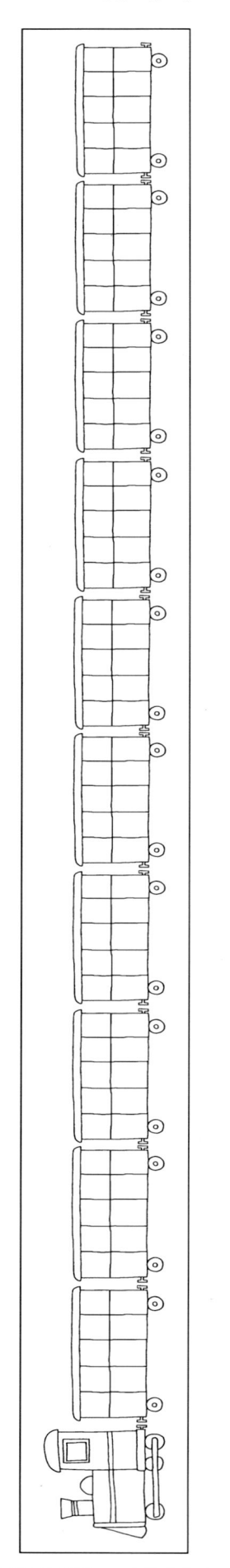

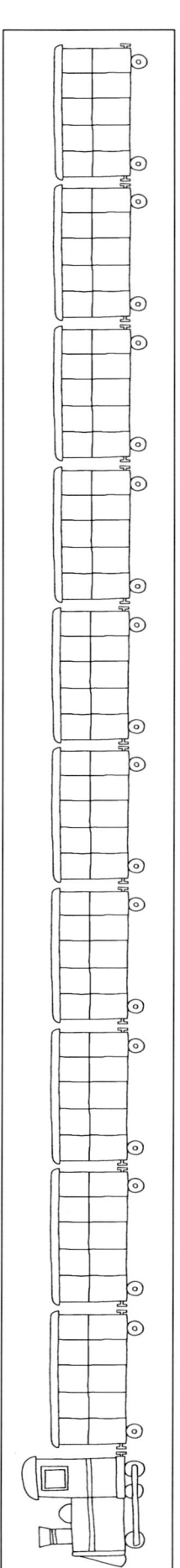

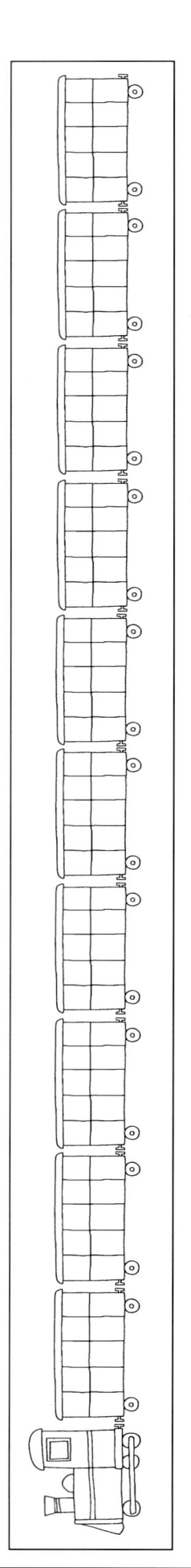

**KV Zahlenkärtchen von 1–100 für das Seriationsspiel**

| | | |
|---|---|---|
| 1 | 2 | 3 |
| 4 | 5 | 6 |
| 7 | 8 | 9 |
| 10 | 11 | 12 |

**KV Zahlenkärtchen von 1–100 für das Seriationsspiel**

| | | |
|---|---|---|
| 13 | 14 | 15 |
| 16 | 17 | 18 |
| 19 | 20 | 21 |
| 22 | 23 | 24 |

**KV Zahlenkärtchen von 1–100 für das Seriationsspiel**

| | | |
|---|---|---|
| 25 | 26 | 27 |
| 28 | 29 | 30 |
| 31 | 32 | 33 |
| 34 | 35 | 36 |

Arbeitsgemeinschaft Mathematikförderung: Der Wegweiser durch den Zahlenraum bis 100
© Persen Verlag

**KV Zahlenkärtchen von 1–100 für das Seriationsspiel**

| | | |
|---|---|---|
| 37 | 38 | 39 |
| 40 | 41 | 42 |
| 43 | 44 | 45 |
| 46 | 47 | 48 |

**KV Zahlenkärtchen von 1–100 für das Seriationsspiel**

| 49 | 50 | 51 |
| --- | --- | --- |
| 52 | 53 | 54 |
| 55 | 56 | 57 |
| 58 | 59 | 60 |

**KV Zahlenkärtchen von 1–100 für das Seriationsspiel**

| 61 | 62 | 63 |
| --- | --- | --- |
| 64 | 65 | 66 |
| 67 | 68 | 69 |
| 70 | 71 | 72 |

**KV Zahlenkärtchen von 1–100 für das Seriationsspiel**

| | | |
|---|---|---|
| 73 | 74 | 75 |
| 76 | 77 | 78 |
| 79 | 80 | 81 |
| 82 | 83 | 84 |

**KV Zahlenkärtchen von 1–100 für das Seriationsspiel**

| | | |
|---|---|---|
| 85 | 86 | 87 |
| 88 | 89 | 90 |
| 91 | 92 | 93 |
| 94 | 95 | 96 |

**KV Zahlenkärtchen von 1–100 für das Seriationsspiel**

| 97 | 98 | 99 |
|---|---|---|
| 100 | | |

Arbeitsgemeinschaft Mathematikförderung: Der Wegweiser durch den Zahlenraum bis 100
© Persen Verlag

**KV Zahlenbingo**

| 40 | 33 | 46 |
|---|---|---|
| 38 | 34 | 31 |

| 41 | 36 | 48 |
|---|---|---|
| 50 | 44 | 43 |

**KV Zahlenbingo**

| 60 | 70 | 20 |
|----|----|----|
| 25 | 34 | 96 |

| 33 | 17 | 56 |
|----|----|----|
| 19 | 38 | 12 |

**KV Zahlenbingo**

| 49 | 15 | 16 |
|---|---|---|
| 37 | 68 | 44 |

| 31 | 12 | 10 |
|---|---|---|
| 57 | 67 | 20 |

**KV Zahlenbingo**

| 89 | 13 | 63 |
|---|---|---|
| 45 | 27 | 79 |

| 16 | 40 | 71 |
|---|---|---|
| 93 | 11 | 82 |

**KV Zahlenbingo**

| 12 | 10 | 79 |
|---|---|---|
| 33 | 11 | 88 |

| 22 | 66 | 45 |
|---|---|---|
| 88 | 25 | 76 |

**KV Zahlenbingo**

| 18 | 10 | 65 |
|----|----|----|
| 27 | 11 | 58 |

| 53 | 44 | 19 |
|----|----|----|
| 35 | 23 | 86 |

**KV Zahlenbingo**

| 73 | 39 | 15 |
|---|---|---|
| 12 | 91 | 41 |

| 98 | 61 | 15 |
|---|---|---|
| 46 | 77 | 10 |

**KV Zahlenbingo**

| 13 | 69 | 11 |
|---|---|---|
| 89 | 42 | 51 |

| 12 | 23 | 45 |
|---|---|---|
| 87 | 66 | 10 |

# KV Zahlenbingo – Blankovorlage

**KV Zahlenpfeile zum Anlegen an die Hunderterkette**

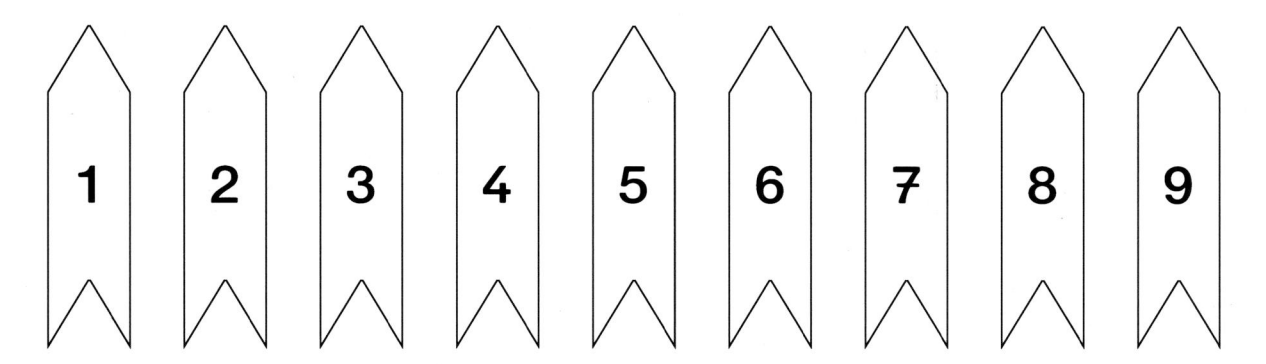

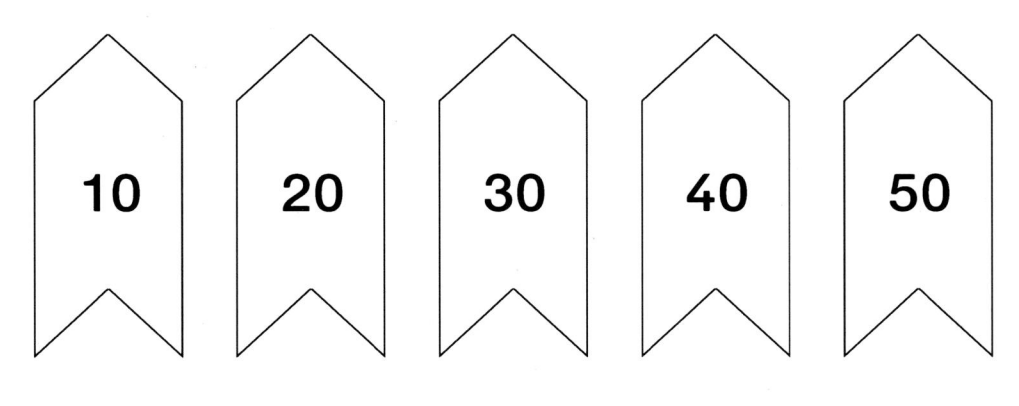

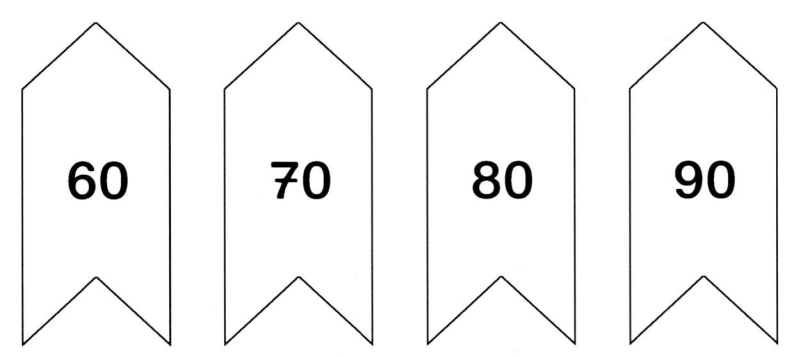

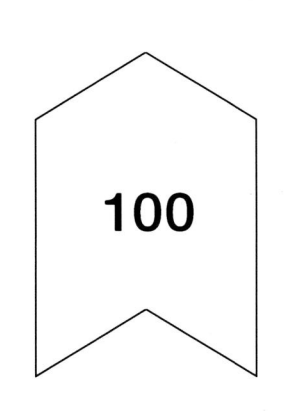

(aus härterem Karton herstellen und laminieren)

1  2  3  4  5  6  7  8  9

10  20  30  40  50

60  70  80  90

100

Arbeitsgemeinschaft Mathematikförderung: Der Wegweiser durch den Zahlenraum bis 100
© Persen Verlag

**KV Zehnerbingo**

| 30 | | |
|---|---|---|
| 40 | 70 | 5Z 0E |
| | 10 | |

| | 90 | |
|---|---|---|
| 70 | 3Z 0E | Z:8 E:0 |
| 10 | 50 | 40 |

**KV Zehnerbingo**

| | | |
|---|---|---|
| 8Z 0E | 30 | [9 Zehnerstangen] |
| [4 Zehnerstangen] | 10 | 5Z 0E |
| [6 Zehnerstangen] | 20 | Z:7 E:0 |

| | | |
|---|---|---|
| Z:4 E:0 | [2 Zehnerstangen] | 70 |
| 10 | [5 Zehnerstangen] | 30 |
| 5Z 0E | 90 | Z:8 E:0 |

**KV Zehnerbingo**

| | | |
|---|---|---|
| 3Z 0E | 60 | (2 Zehnerstangen) |
| (7 Zehnerstangen) | (5 Zehnerstangen) | 10 |
| 80 | 90 | Z E / 4 0 |

| | | |
|---|---|---|
| (3 Zehnerstangen liegend) | (8 Zehnerstangen) | Z E / 7 0 |
| 6Z 0E | 50 | (4 Zehnerstangen) |
| 20 | (1 Zehnerstange) | 90 |

76     Arbeitsgemeinschaft Mathematikförderung: Der Wegweiser durch den Zahlenraum bis 100
© Persen Verlag

**KV Zahlenscrabble/Würfelspiel/Zahlenreihen**

| 1 | 2 | 3 | 4 | 5 | 6 | 7 | 8 | 9 | 10 |
|---|---|---|---|---|---|---|---|---|---|
| 11 | 12 | 13 | 14 | 15 | 16 | 17 | 18 | 19 | 20 |
| 21 | 22 | 23 | 24 | 25 | 26 | 27 | 28 | 29 | 30 |
| 31 | 32 | 33 | 34 | 35 | 36 | 37 | 38 | 39 | 40 |
| 41 | 42 | 43 | 44 | 45 | 46 | 47 | 48 | 49 | 50 |
| 51 | 52 | 53 | 54 | 55 | 56 | 57 | 58 | 59 | 60 |
| 61 | 62 | 63 | 64 | 65 | 66 | 67 | 68 | 69 | 70 |
| 71 | 72 | 73 | 74 | 75 | 76 | 77 | 78 | 79 | 80 |
| 81 | 82 | 83 | 84 | 85 | 86 | 87 | 88 | 89 | 90 |
| 91 | 92 | 93 | 94 | 95 | 96 | 97 | 98 | 99 | 100 |

Arbeitsgemeinschaft Mathematikförderung: Der Wegweiser durch den Zahlenraum bis 100
© Persen Verlag

**KV Teilungskasten**

# KV Teilungskasten (Arbeitsblatt)

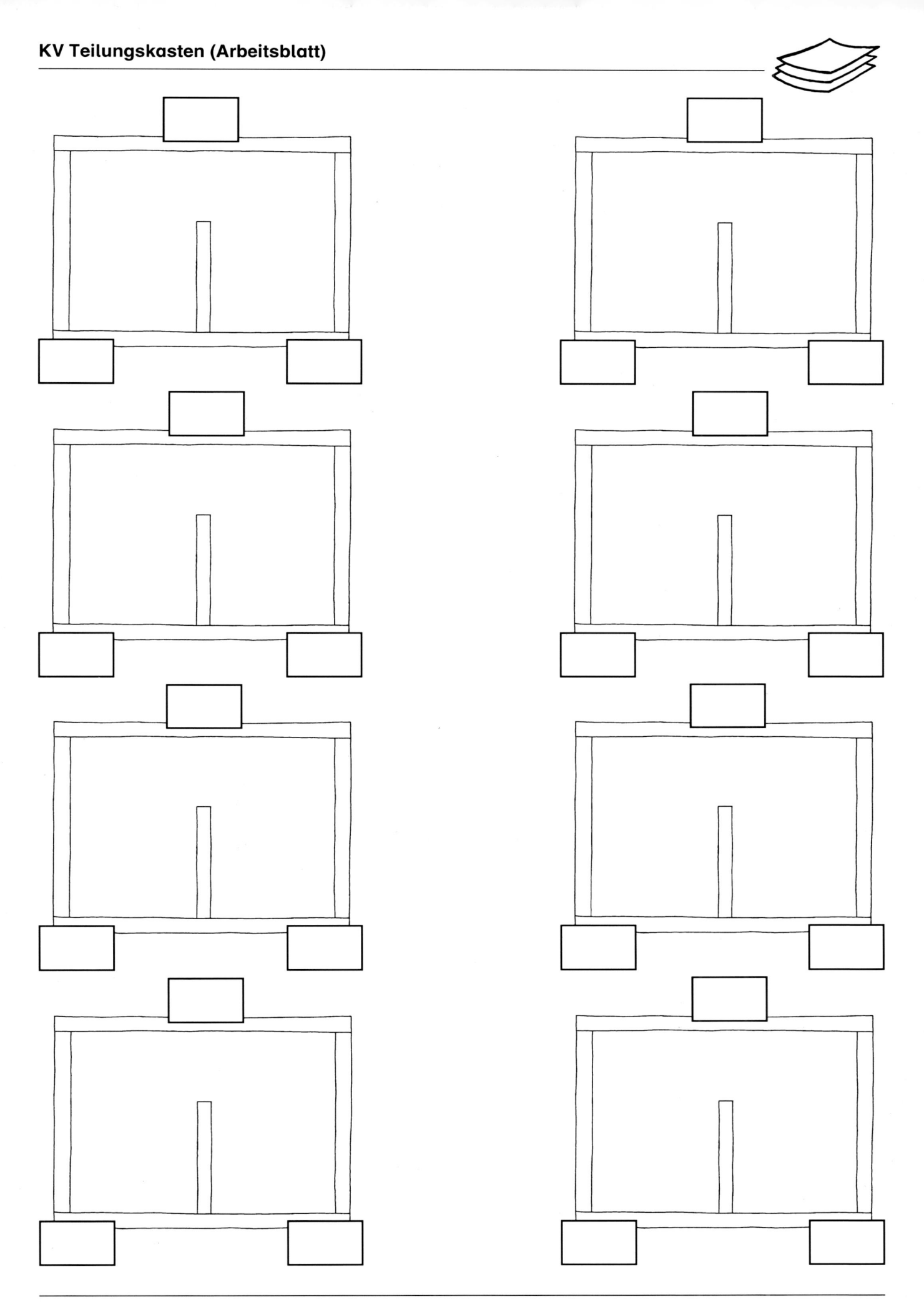

**KV Streifenbrett zur Addition**

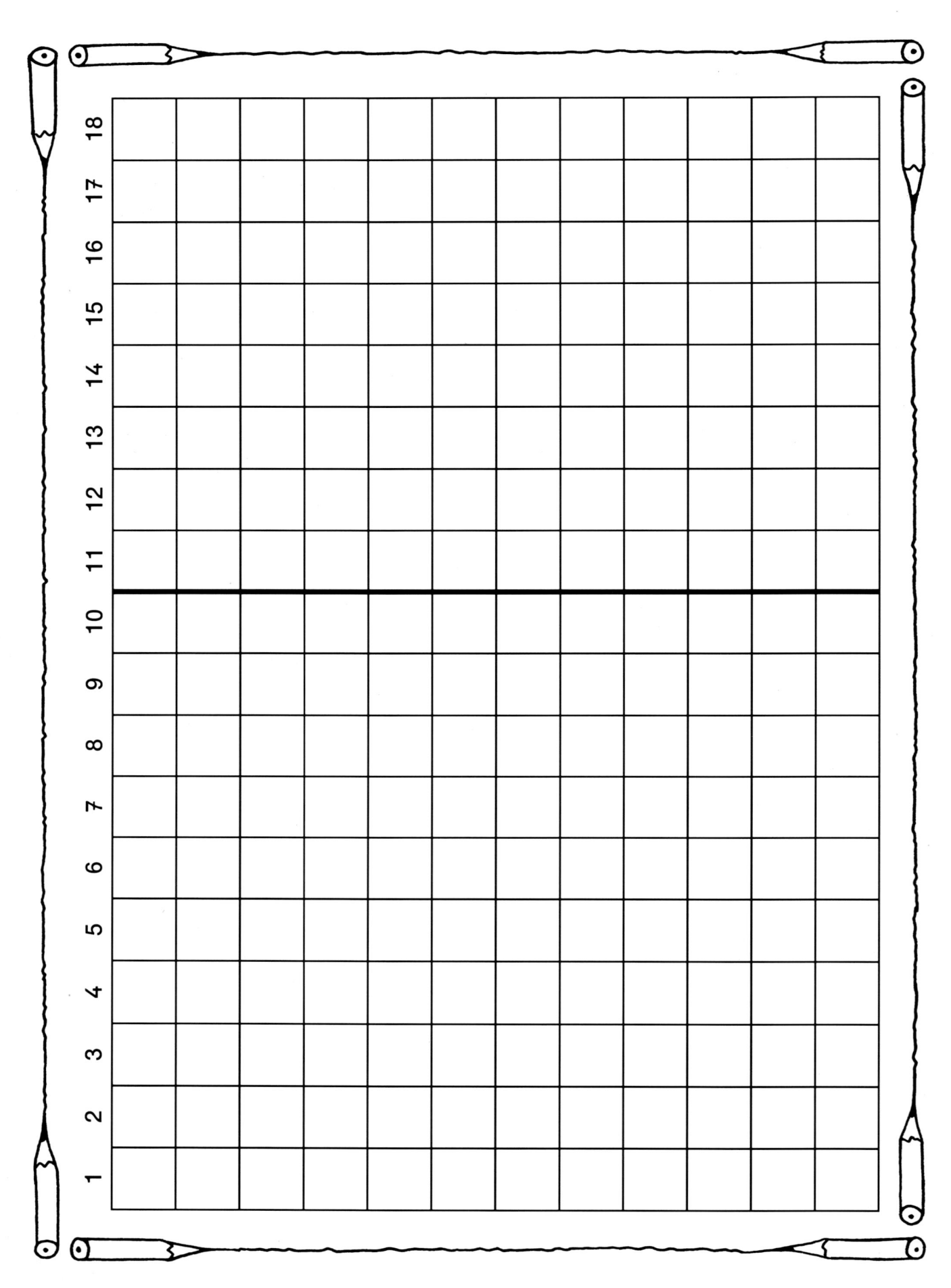

**Raketenstart 2–20:**

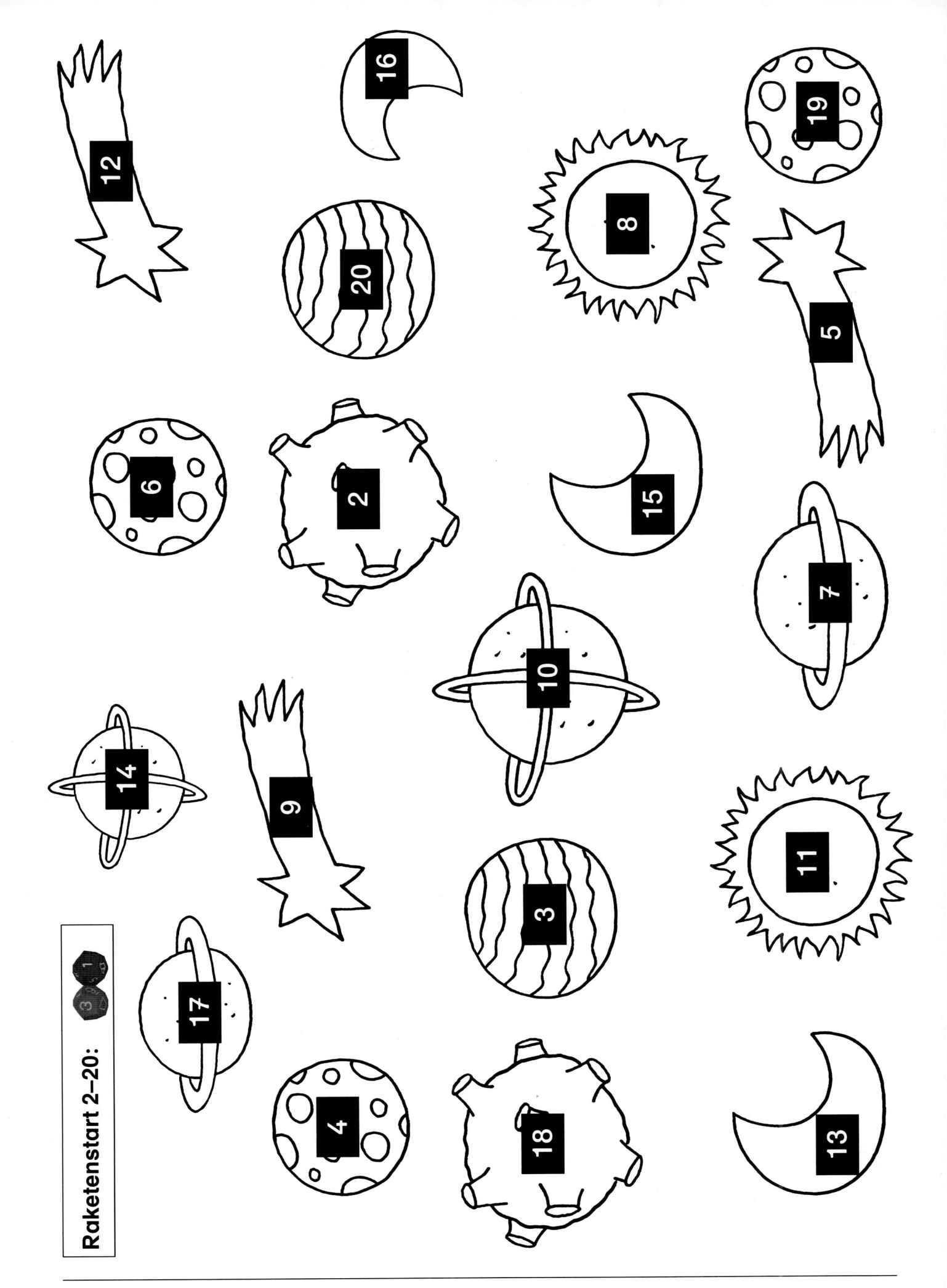

**Raketenstart:**

**KV Spielsteine**

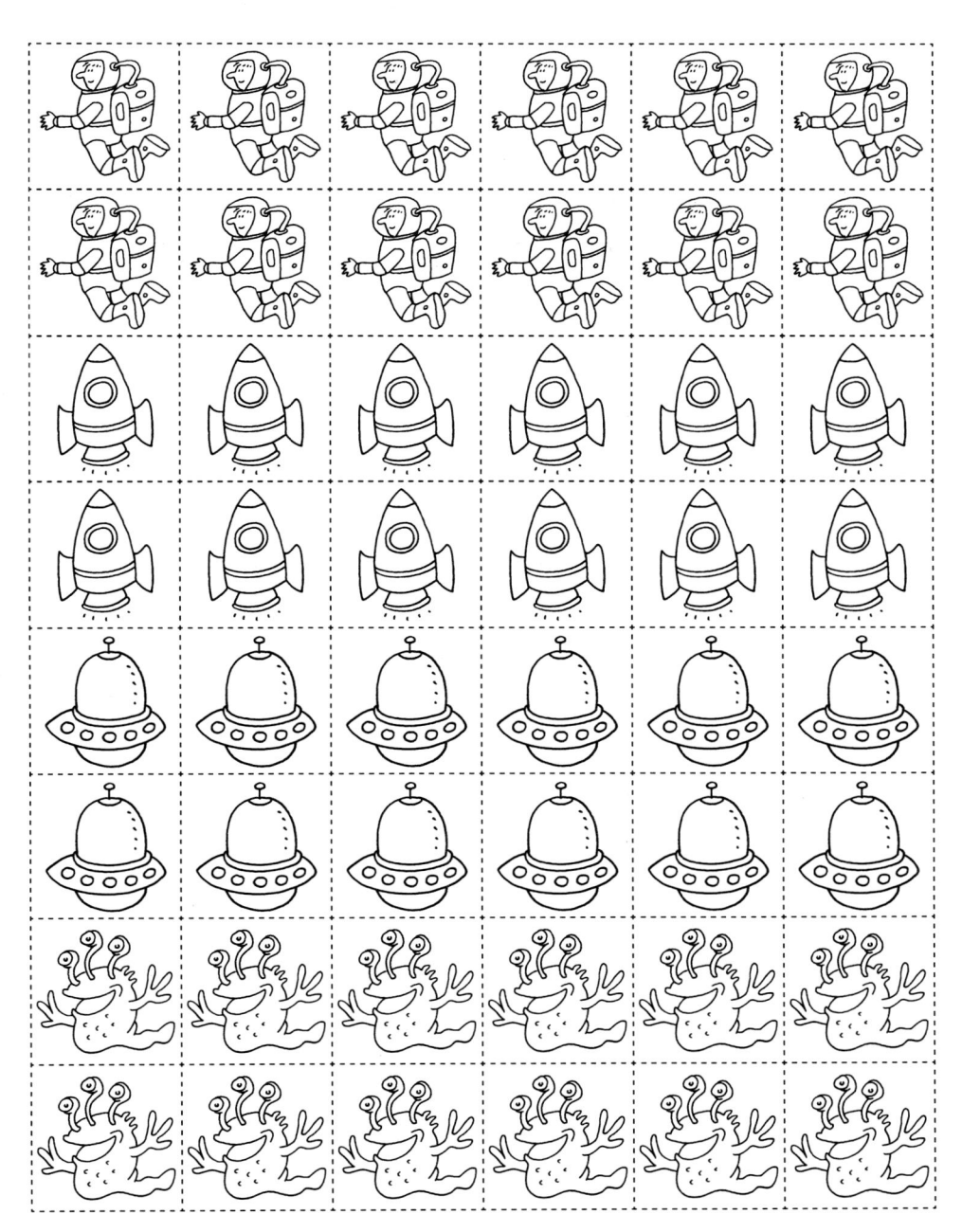

**KV Stellenwerttafel**

(als Grundlage für Legematerialien auf DIN A3 kopieren)

| | |
|---|---|
| E | |
| Z | |
| H | |
| T | |